论语课这样上

罗晓晖 / 著

四川人民出版社

图书在版编目（CIP）数据

论语课这样上 / 罗晓晖著. -- 成都 : 四川人民出版社, 2024.3

ISBN 978-7-220-13590-3

Ⅰ.①论… Ⅱ.①罗… Ⅲ.①中学语文课—教学法 Ⅳ.①G633.302

中国国家版本馆CIP数据核字（2024）第034150号

LUNYU KE ZHEYANG SHANG

论语课这样上

罗晓晖　著

策划组稿	李淑云
责任编辑	李京京
封面设计	李其飞
内文设计	戴雨虹
责任校对	舒晓利
责任印制	周　奇
出版发行	四川人民出版社（成都三色路238号）
网　址	http://www.scpph.com
E-mail	scrmcbs@sina.com
新浪微博	@ 四川人民出版社
微信公众号	四川人民出版社
发行部业务电话	（028）86361653　86361656
防盗版举报电话	（028）86361653
照　排	四川胜翔数码印务设计有限公司
印　刷	成都蜀通印务有限责任公司
成品尺寸	170mm×240mm
印　张	11.25
字　数	135千
版　次	2024年3月第1版
印　次	2024年3月第1次印刷
书　号	ISBN 978-7-220-13590-3
定　价	68.00元

自 序

　　经典学习是文化教养的根基。在我看来，《论语》和《世说新语》是理解中国思想和中国风度的必备基础，学习这两本篇幅不大的古籍是中国学生在中学阶段必须完成的事。十六七年前，我就在成都七中开设了"论语课"。我的"论语课"是在课堂内完成的，当时使用的教材是杨伯峻的《论语译注》。

　　"论语课"是我自发的课程改革的一部分。在长期的教学实践中，我深感教学内容的改革才是课程改革的关键，给学生提供有营养的教学内容比任何教学方式的变革来得更重要。基于这种认识，我大刀阔斧处理教材教学，腾出时间来开设"论语课"和"诗词课"。效果当然是毋庸置疑的——很简单，我的学生至少学到了别的学生可能不曾学到的东西，而这对于学好语文、理解人生和传承文化都很有意义。我也很满足于这教学的前瞻性，在当前实行"整本书阅读"的很多年前，我已经落实"整本书阅读"的教学了。

　　当年我就发现，虽然《论语译注》是非常不错的版本，但其间也有若干值得商榷的地方。《论语》的翻译有待改进或完善。像《论语》这种经典文本进入课程，需要更稳妥的译文来支撑。后来经由文本解读研究，我找到了还原性理解文本的一些方法，这对我翻译《论语》提供了有力的支持。本书中若干译文虽跟通行版本皆有不同，但我认为是相当可靠的。我的译文致力于还原本意，尽量不受前人译述的影响；字句若有疑义，则多以《说文解字》为主要释义依据，并做到有先秦文献可征。

但凡课程，均涉取舍。第一部分对《论语》原典有所取舍，汰除了部分我认为未必符合学生需要的内容，以更符合原典研读课的需要。

本书提供了若干种课型，每种课型均有举例，供使用本书的师生参考借鉴。我没有把整部《论语》的全部课例呈现出来，我认为没有必要，因为《论语》中的思想和话题非常丰富，不同读者阅读《论语》时的兴趣点彼此不同。我希望保留更大的自主空间，读者可根据书中的示例，自行创设更多更好的课例，构建出有自己特色的《论语》课程。

在我的教学生涯中，"论语课"和"诗词课"算是我用力最深的特色课程。我希望这两种能充分体现母语教育特色的课程，有助于语文学科建设，有利于广大师生更好地开展语文学习。这是美好的愿望，但我相信不会落空，因为这两门课程的教学价值和学习效益，早已通过教学实践获得了验证。

在此祝福阅读本书的读者朋友们。我们跟经典结缘，我通过本书跟大家结缘，或尚友古人，或利乐大众，都是幸运且开心的事。我这一生，在现实生活中几乎没有社交，而能通过文字跟大家连接，无疑是寂寞中最好的安慰。

目　录

第一部分

原典研读课

第二部分

经典研讨课

第一部分

原典研读课

经典的学习，首重原典研读。

无论是概论性的介绍，还是体系性的论述，都不能替代直接面对经典的细读与聆听。概括与提炼，分析与综合，是普通的阅读所必需，更是经典研习与学术探讨的必要手段，但对于《论语》这样的经典而言，这并不是最基础的和最重要的。要真正领会经典的思想活力，需要直接面对经典本身，从字里行间去揣摩和发现。

原典研读的要求是：

1.不参阅相关评论，阅读经典原文。

这样做是为了直接面对经典，减少他人意见的干扰。

凡有字句疑惑，皆须查阅辞书。要利用工具书和各种资料，运用语文知识，解决经典原文的语义理解问题。语文的经典学习当然应是语文学习的重要部分，它应让我们首先获得语文的利益。

2.发现自己感兴趣的部分，找出对自己最有启发的部分。

这是因为经典具有各种营养，我们只需获取对自己有益的，这部分也最容易内化于心。当理解发生时，我们实际上也在用理智权衡，同时比照自己的经验。

3. 以自主阅读为主，要一则一则地用心细读。

阅读过程中若有特别的心得或难解的困惑应记录下来，这对后续的学习与探讨非常必要。

本书译文致力于还原原文本意，跟通行版本多有不同。字词若有疑义，则多以《说文解字》为主要释义依据，并须有先秦文献可征。译文务求明白，不单列注释。若有须注者，在"补说"中说明。"补说"以诠释译文为主，尽量不作义理发挥。

4.要抱着"述而不作，信而好古"的谦逊态度。

原典研读时不需要创新，特别需要以谦虚学习的心态来对待经典。自以为是的批判性立场容易带来偏见，导致我们看不见经典中值得汲取的东西。如果确实有不吐不快的个人见解，可做批注或笔记留待经典研讨课提出来讨论。

学而第一

1 子曰："学而时习之，不亦说乎？有朋自远方来，不亦乐乎？人不知而不愠，不亦君子乎？"

【译文】

孔子说："学习之后，能在适当的时机运用学到的知识解决问题，不是很愉快吗？有同学从远方来切磋所学，分享学习所得或探讨学习上的疑惑，不也很享受吗？别人不了解自己学习的进境而自己并不恼怒，不也是有修养的君子吗？"

【补说】

本章谈学习，三句话是连贯的。第一句谈学而能用的快乐，第二句谈切磋所学的快乐，第三句谈学有所成时内心稳定而自足的愉悦。

"学"是指学习知识，"习"是指把知识运用于实践。"朋"是指同门（同师）的人，"友"是指志趣相投的人，"朋"不宜径直翻译为"朋友"。"朋"有领悟须说或有疑惑未解，故"自远方来"与同门交流。根据语意连贯性要求，"人不知"，是指他人不了解自己的学问。

在此以本章为例，介绍我诠释《论语》章句的基本方法：

第一，尊重古代言语习惯，尊重古代注家的合理解释。例如，古代"朋""友"二字的语义是有区别的，在《论语》中这二字也是区别使用的，同门叫作"朋"，同志叫作"友"，不能以今律古，把"朋""友"不加分别地笼统视为如今所谓的"朋友"。

第二，尊重传统的文字学、训诂学的知识。例如，本章中的"习"，《说文》解释为"数飞也"，也就是鸟儿反复练习飞翔，有实践、反复实操以求熟练运用的含义。《论语》中还有"温故而知新"的说法，孔子不说"学而时温之"，就意味着这个"习"与"温"意思应有区别。

第三，尊重基本的表达常识。例如，如果把本章三句分别理解为"谈学习""谈交友""谈君子"，则意味着三句话意思不连贯，这违背同一语境下的表达通常具备语意连贯性的常识。本章三句话都是问句，语调一致，应是孔子连续讲出来的，因此须符合同一语境下的语意连贯性要求。

第四，揆诸普遍情理。例如，如果把第一句理解为"学习之后按时复习，不也是愉快的吗"，则违背了我们的普遍经验——复习可随时发生而不需要按时，复习已知的知识也未必能像学习新知识那样带来快乐，它无法满足人的好奇心和对新知的渴望。

2 子曰："巧言令色，鲜矣仁。"

【译文】

孔子说："在不真诚的花巧言辞和假装出的和颜悦色之中，几乎不会有'仁'的存在。"

"巧言令色"的实质，是表里不一，隐瞒真实情感与立场，不符合"仁"的要求。孔子强调要真诚，要讲是非，要有原则。

3 曾子曰："吾日三省吾身：为人谋而不忠乎，与朋友交而不信乎，传不习乎？"

【译文】

曾子说："我每天多次反省自己：为别人谋事是否未能尽心，跟同学与同道交往是否未能守信，我被传授的那些知识和道理，是否未能付诸实践？"

【补说】

"三省"是本章提出自我反省的方法，儒家是主张"反省内求"以不断求得进步的。

4 子曰："君子不重，则不威。学，则不固。主忠信。无友不如己者。过则勿惮改。"

【译文】

孔子说："君子不庄重，就没有威严。学习不能固执己见。做人要以忠、信为主。不要把与自己不同类的人作为同道（那是不明智的也是不可能的）。错了就不要怕改正。"

本章断句跟通行版本不同。孔子这里讲了五点意思，五句话相互独立，不相连贯。"学，则不固"是指学习要具备灵活性和接纳的心胸（此句若理解为"只要学习，就不会固陋"，语义上来讲也比较妥适，但如果这样理解，此句则是一般道理的阐发，跟其他几句具有针对性的劝告，表意角度不够密合）。"友"是指同道（志同道合）；"不如己"可理解为志趣跟自己不同类，也可理解为修养不如自己，前者为佳。

本章五句话缺乏语意连贯性，在话题上不统一，也无法通过合理的方式使话题统一起来，可见五句话未必是孔子在同一场合讲的，而是弟子们后来回忆夫子生平之言，这几句话在记录时被汇集到了一起。如此则可大致判断，本章是《论语》编集时留下的痕迹。

5 有子曰："礼之用，和为贵。先王之道，斯为美。小大由之，有所不行；知和而和，不以礼节之，亦不可行也。"

【译文】

有子说："礼的运用，以和谐为贵。这就是古代君主的治理方法最美妙的地方。但是，大事小事都遵循和谐的标准，有时是不可行的；知道要和谐而一味搞和谐，不以礼来节制，也是不可行的。"

"礼"意味着秩序，它要求人们各安其位，然而人总有不安分的，"和"是很难的，"和"也因此显得珍贵。只有古圣先王的"礼之用"，才能达到"和"的境界。凡事一味讲和谐，为和谐而和谐，是行不通的。考虑到"有所不行""亦不可行"的对应关系，故如此标点，跟通行版本有所区别。

6 子曰："君子食无求饱，居无求安。敏于事而慎于言。就有道而正焉，可谓好学也已。"

【译文】

孔子说："君子具有超越物欲层面的精神追求——他不追求吃饭饱足，不追求居住舒适。一个人应做事敏捷而说话谨慎。到有道之士那里去匡正自己，这就可以说是好学了。"

【补说】

这段话共三句，意思包括三个方面，第一句讲志趣，第二句讲日常言行，第三句讲进德修业。如果把三句话视为连贯的来解说，似乎也通，但较为牵强。

7 子贡曰："贫而无谄，富而无骄，何如？"子曰："可也。未若贫而乐，富而好礼者也。"

【译文】

子贡说："贫穷却能不因有欲求而谄媚，富有却能不因有依恃而骄傲，怎么样？"孔子说："这算可以的了。但这不如虽贫穷却内心安适，虽富裕却能喜好礼义。"

【补说】

"贫而无谄，富而无骄"，属于有持守的自我节制；"贫而乐，富而好礼"，则属于有建设性的精神发展。钱穆说，前者心中还有贫富，后者心中不以贫富为意，因此前者不如后者。

为政第二

1 子曰："《诗》三百，一言以蔽之，曰'思无邪'。"

【译文】

孔子说："《诗》三百篇，用一句话来概括它，就是'没有邪念'。"

【补说】

《诗经》是诗。诗是情感的，情感贵乎坦诚；文是理智的，理智贵乎审辨。"思"是助词。"无邪"，是说情感是坦直的、真诚的、不矫饰的、未被扭曲的。

2 子曰："道之以政，齐之以刑，民免而无耻；道之以德，齐之以礼，有耻且格。"

【译文】

孔子说："用政令去指导民众，用刑罚去整顿民众，民众就会只求免罪，但不会有羞耻之心；用德行去引导民众，用礼制来规范民众，民众就不仅会有羞耻之心，而且行为也符合法式。"

【补说】

"格"，法式。（《礼记·缁衣》："言有物而行有格也。"）"格"解释为"美"也可，《说文解字注》："格，木长貌。……长木言木之美。木长言长之美也。"在本章中，孔子认为，假如统治者不讲求道德和礼法，而一味以强制性的政令和刑罚对待人民，人民就会只图苟且免罪；用道德和礼法才能提高社会的文明程度，从而实现真正的治理。孔子关注"为政"，并不绝对否定政令和刑罚，他只是强调孰为根本、孰须优先而已。

3 子曰："吾十有五而志于学，三十而立，四十而不惑，五十而知天命，六十而耳顺，七十而从心所欲不逾矩。"

【译文】

孔子说："我十五岁立志于学习，三十岁能够形成自己的主见，四十岁能有所辨别不被迷惑，五十岁能理解什么是天命，六十岁时听到任何意见都不会扰动自己的情绪，七十岁时能随心所欲却不越出规矩。"

【补说】

根据语意连贯性来看，整段话是孔子自述其人生的认知发展历程。十五岁用心于学习，但未必有自己的主张；三十岁能够有自己的主张，但这主张未必成熟；四十岁能有成熟的认知，因而不被迷惑。此外，"耳顺"并非指听得进不同的意见（各种年龄阶段的人都可能做得到倾听不同意见），而是说无论听到怎样的意见内心都波澜不惊。

4 子游问孝，子曰："今之孝者，是谓能养。至于犬马，皆能有养。不敬，何以别乎？"

【译文】

子游问孝，孔子说："如今的所谓孝，是说能够赡养父母。然而即便是犬马，都能够得到饲养。如果对父母没有敬重，那么，用什么来区别赡养父母与饲养犬马呢？"

【补说】

孔子的意思是说，对父母的孝，本质上是内心对父母的敬重。对父母只有赡养而无敬重，那并不是孝。

5 子曰："视其所以，观其所由，察其所安，人焉廋（sōu）哉？人焉廋哉？"

【译文】

孔子说："观察一个人行为所采用的手段是什么，考察其行为所依循的路径是什么，明察他行动之后安心于何处，这样，他怎样能隐藏得了呢？他怎样能隐藏得了呢？"

【补说】

孔子说"听其言而观其行"，这里就是讲怎样"观其行"。一个人的行为，总会有某种所使用的手段，总会遵循某种路径或方式，总会达到某种目的才能使他满意。这样去观察一个人，那么这个人就将无所遁形。"以"，用。"由"，遵循。"安"，心安，满足。"廋"，隐藏，藏匿。

6 子曰："温故而知新，可以为师矣。"

【译文】

孔子说："温习旧知识以充分熟悉这些知识，并懂得在新的情境中运用这些知识，就可以当老师了。"

【补说】

孔子不是认为不断温习旧知识就能够获得新知识——温习旧知识可以熟悉旧知识或加深对旧知识的理解，但这不等于拥有新知识；通过温习旧知识获取新知识，这是极小概率或几乎不可能的事，因为某项特定知识总是具有相对稳定的结构和边界，温习不能突破这结构和边界，例如我们不太可能通过不断温习"排比"的知识而懂得关于"比喻"的知识，学习新知识才更容易获得新知识。在孔子的时代，知识更新和发展的速度很慢，对老师的要求主要是熟悉知识（温故）并懂得知识在更大范围的运用（知新）——懂得某项知识在各种不同情境中的运用才代表着透彻地掌握了该项知识，因而可以做老师。

7 子曰:"君子不器。"

【译文】

孔子说:"君子不能像器具,他还应该有思想,有对'道'的追求。"

【补说】

"器"与"道"是一组相对的概念,因而对译文做了这样的处理。

器是工具,具有工具用途;"不器"则意味着要超越工具性,而具有思想。在孔子看来,君子不能只是实用的工具。不少注家认为"器"的意思是只有某一方面的用途,"不器"就是要有多方面的才干。这一理解未必妥当,因为孔子说过君子不必"多能",所谓"君子多乎哉?不多也";且器具的用途也未必只是单一方面的,例如锄头可以挖土种地,也可以砍伐树木,还可以修桥补路。

8 子曰:"君子周而不比,小人比而不周。"

【译文】

孔子说:"君子会与他人亲近但不与他人勾结,他始终保持着独立性;小人与他人勾结但并不与人亲近,他在群体中总有个人的私心。"

小人勾结他人的原因，与不跟他人真正地亲近的原因，都在于有私心私利。他与人勾结，是出于私心谋求私利；不真正地亲近他人，也是出于私心谋求私利——他心中从来不曾真正地顾及他人和维护他人；当私利与他人利益矛盾时，他就自然地跟人发生冲突了。

9 子曰：“学而不思，则罔；思而不学，则殆。”

【译文】

孔子说：“只是向外学习而不自主思考，就会因缺乏判断而陷于迷茫；只是自己思考而不向外学习，就会因缺乏收获而疲惫懈怠。”

【补说】

学的作用，是迅速累积知识；思的作用，是作出分析判断。孔子认为学和思各有其长，也各有其短，不能偏废。“殆”，怠，懈怠。没有以知识积累为基础的思考通常是低效的，思而无得则会兴味枯索而疲惫懈怠。

10 子曰：“攻乎异端，斯害也已。”

【译文】

孔子说：“站在这一端去攻击不同的另一端，偏离了中庸的法则，这会带来伤害。”

【补说】

　　本句意思通常被解释为"攻击那些不正确的言论，祸害就可以消除了"，这种理解是不妥的。"异端"，不同的一端。"害"，伤害，损害。（《说文解字》："害，伤也。"）我的理解跟通常的理解不同，此处不多论述，读者自行判断。

⓫ 子曰："由，诲女，知之乎？知之为知之，不知为不知，是知也。"

【译文】

　　孔子说："由，我教你，你能理解到吗？理解就是理解，不理解就是不理解，这才是如实的正确理解。"

【补说】

　　本章似乎暗含着孔子对子路自以为是的批评。孔子强调要实事求是对待求知，不能强不知以为知。

⓬ 子曰："人而无信，不知其可也。大车无輗（ní），小车无軏（yuè），其何以行之哉？"

【译文】

　　孔子说："如果一个人说话不信实，人们将不能了解到他内心究竟认可什么。说话不信实就会导致行为失范——就像大车没有輗、小车没有軏一样失去定准或控制，它靠什么行走呢？"

此处是从本义上来诠释"人而无信，不知其可也"这一句的。人言为"信"；说话不"信"，则无法确认说话人内心究竟相信什么，认同什么。通过观察一个人所做的与所说的是否一致，可看出其人内心是否有定准；没有定准就是无"信"，没有定准的人是不会有信用的。"可"，认同。"輗軏"是车辕与衡轭联结处插上的销子，孔子以车无輗軏就会导致车无法行进，来比喻人无"信"就会导致人的行为失范脱轨。

⑬ 子曰："非其鬼而祭之，谄也。见义不为，无勇也。"

【译文】

孔子说："不该祭祀的鬼神却去祭祀，这是谄媚。见到当做的事却不去做，这是怯懦。"

【补说】

"非其鬼而祭之"显然是不真诚的，所以是"谄"。作为一种正面价值的勇敢，不是凭着胆气胡作非为，而是去做该做的事，"勇"必须是符合"义"的。"义"，宜，正当。当一件事是正当的而不去做，那就是怯懦。

八佾（yì）第三

1 子曰："人而不仁，如礼何？人而不仁，如乐何？"

【译文】

孔子说："一个人如果不仁，怎么去对待礼呢？一个人如果不仁，怎么去对待乐呢？"

【补说】

仁是内在的道德情感，礼、乐是外在的表现。以秩序和谐为目标的礼，以生命幸福为目标的乐，都是以仁为基础的。如果没有仁，那么礼乐就失去了内在的灵魂，成为没有实际意义的虚浮的形式。礼、乐都是建立在仁的基础之上的。

2 子曰："夷狄之有君，不如诸夏之亡也。"

【译文】

孔子说："夷狄虽然有君主，还不如中原诸国没有君主啊。"

这是强调文化的重要性。文化塑造社会的力量远大于政治。在孔子看来，秩序或纲纪，本质上依赖文化的力量，并不是单纯依靠政治权力。

3 子夏问曰："'巧笑倩兮，美目盼兮，素以为绚兮。'何谓也？"子曰："绘事后素。"曰："礼后乎？"子曰："起予者商也，始可与言《诗》已矣。"

【译文】

子夏问孔子说："《诗》中有这样的诗句：'那灵巧的笑脸真美好啊，那美丽的眼睛真明亮啊，那本色也可以表现出美丽的纹理啊。'这是什么意思？"孔子说："先有本色的底子，然后才能在上面绘画。"子夏说："如此说来，'礼'是后起的吧？"孔子说："启发我的人就是你啊！像你这样的人，才可以共同讨论《诗》。"

【补说】

子夏从孔子"绘事后素"的回答中，领悟到仁先礼后的道理，得到孔子的称赞。本章意思是说，"仁"是"礼"的基础，只有具备了"仁"，合宜美好的"礼"才是可能成立的，正如女子美丽的笑容和眼睛就能自然地展现出她的美丽而无须通过粉黛，本色的底子上才能画出美丽的图案。这里表达了孔子的一个观念："仁"是内蕴于人的自然本性之中的，是第一性的；

"礼"在一定意义上说是"仁"的表现,是以"仁"为依据发展出来的。

从本章也可看出孔子是以怎样的观念在看待《诗经》,所以本章也是文学批评常常引用的一则材料。子夏所问诗句,见《诗经·卫风·硕人》篇。"起",启发。"商",子夏之名。

4 子曰:"《关雎》乐而不淫,哀而不伤。"

【译文】

孔子说:"《关雎》追求淑女的情感是快乐的而不是放荡的,这首诗中'求之不得'的失落会让人怜悯,但不会让人感到伤痛。"

【补说】

杨伯峻注意到《关雎》中并没有悲哀的情调,他引《论语骈枝》试图解释孔子这句话,"《诗》有《关雎》,《乐》亦有《关雎》,此章据《乐》言之。……乐而不淫者,《关雎》、《葛覃》也;哀而不伤者,《卷耳》也"。以音乐曲调来解释"哀而不伤",未免过于迂曲,且于本章原文无据。我认为"乐而不淫"是《关雎》所表现的整体的情感特征(文本),"哀而不伤"则是《关雎》里的男子求爱过程中"求之不得"的失落带给读者的情感反应(读者),这样解释可令句意更为直接和显豁。《说文解字》:"哀,闵(悯)也。""伤,创也。"

5 哀公问社于宰我，宰我对曰："夏后氏以松，殷人以柏，周人以栗，曰：使民战栗。"子闻之，曰："成事不说，遂事不谏，既往不咎。"

【译文】

鲁哀公问宰我，做社神牌位用什么木头，宰我回答说："夏朝用松木，商朝用柏木，周朝用栗木，用栗木的意思是：使老百姓战栗。"孔子听到这事，说："对别人已经做完的事，不用再去开解（即使做错了）；对别人已成定局的事，不用再去劝阻；已经过去的事，就不要再去追究了。"

【补说】

宰我说周朝用栗木做社神牌位是为了"使民战栗"，"使民战栗"不符合孔子的思想。孔子认为宰我的话暗含着批评周天子之意，不合于礼，所以说了这一段话。"说"，开解。《说文解字注》："说，说释也。说释即悦怿。……说释者，开解之意。"

6 子语鲁大师乐，曰："乐其可知也：始作，翕如也；从之，纯如也，皦如也，绎如也，以成。"

【译文】

孔子对鲁国太师（乐官）谈论音乐，说："奏乐之事大概可以这样理解：开始演奏时，乐器的声音要协调；接下来，乐声应趋于纯一；然后，乐声应变得明朗；最后，要能从音乐中抽绎出某种感悟来。一部音乐作品就这样完成了。"

【补说】

本章描述了一部高水平的音乐作品演奏的几个阶段，可看出孔子的音乐欣赏水平和对音乐的理解。一部作品的演奏，境界是逐渐递升的：乐声从和谐到纯一再到明朗，最后给人领悟或启迪。"绎如"通常被译为"连绵不断的样子"，如果是这个意思，则难以解释"翕如—纯如—皦如—绎如"的递升顺序，因为流畅连续仅仅是对演奏最基本的要求。"绎"的本义是抽丝，引申为寻绎义理。

7 子谓《韶》，"尽美矣，又尽善也"；谓《武》，"尽美矣，未尽善也"。

【译文】

孔子讲到《韶》，说："它在音乐艺术上是完美的，在道德价值上是完善的。"谈到《武》，说："它在音乐艺术上是完美的，但在道德价值上却未达到完善。"

【补说】

相传《韶》是古代歌颂虞舜的一种乐舞，《武》是歌颂周武王的一种乐舞。此处是否有推崇仁爱无私的虞舜甚于武力讨伐不义的周武王之意，不好判断。但很明显孔子在此谈论了艺术评价问题，他既重视艺术作品的形式美感，也强调艺术内容的价值内涵。

里仁第四

1 子曰："不仁者不可以久处约，不可以长处乐。仁者安仁，知者利仁。"

【译文】

孔子说："不仁的人，不能长久地处在自律之中，也不能长久地处在安乐之中。仁者心安于仁，智者则懂得仁是有利的。"

【补说】

"仁者乐山"，仁者具有不动如山的稳定性。不仁的人，由于缺乏稳定的价值感而易受欲念的支配，因而既不可能长久地自律，也不可能长久地安乐。仁者与智者的区别在于，仁者心安于仁本身，而不计利害得失，这是一种境界；智者未必心安于仁，但能意识到仁是有利的、可利用的，这是一种策略。"约"多被诠释者们解释为"穷困"，我解释为"自律（自我约束）"。因为"约"更近于其本义即约束，且这样解释，"约"与"乐"便都属心理的行为或状态，在表达逻辑上更为合理。表示贫困、穷困的用字，通常是"贫"；若是穷困，则孔子多半会表达为"不仁者不可以久处贫"。

2　子曰："唯仁者能好人，能恶人。"

【译文】

孔子说："只有仁者，才能够真正地去喜欢一个人和憎恶一个人。"

【补说】

爱与恨这两种情感是普遍的，所以孔子的意思并不是说，能表现出爱与恨就符合仁者的标准了。孔子的意思是说：普通人的道德立场暧昧，可能会根据自己的需要，假装出爱或恨来；但仁者有明确的价值立场，他的情感表现是有原则的和真实的，不会是假装的。

3　子曰："富与贵，是人之所欲也，不以其道得之，不处也；贫与贱，是人之所恶也，不以其道得之，不去也。君子去仁，恶乎成名？君子无终食之间违仁，造次必于是，颠沛必于是。"

【译文】

孔子说："富有和显贵，这是人们想要得到的，但如果不能通过正当的途径获取，就不应获取；贫穷与卑贱，这是人们厌恶的，但如果不能用正当的方式远离，就不应远离。君子如果离开了仁，怎能享有'君子'这一称号呢？一个君子，没有一顿饭的时间会背离仁，即使在最紧迫的时刻，即使在颠沛流离之中，他也一定会与仁同在。"

【补说】

　　孔子是尊重人的欲望的，但欲望并不必然具备价值正当性。孔子认为，君子也是可以有欲望的，有欲望不见得会构成问题；一个人是不是君子，不是去看他有无欲望，而是要去看他是否在任何情境中都与仁同在。

4 子曰："朝闻道，夕死可矣。"

【译文】

　　孔子说："如果早晨懂得了道，即使当天晚上死去也是可以的。"

【补说】

　　孔子的意思是说，悟道是人生的终极使命。若能悟道，则意味着人生使命的最终完成；既然已经完成，也就死而无憾了。

5 子曰："君子之于天下也，无适也，无莫也，义之与比。"

【译文】

　　孔子说："君子对于天下的人和事，没有刻意亲近的，也没有故意冷漠的，他只是跟正义站在一起。"

【补说】

君子坚持正义，只认同适宜的和妥当的，以"义"为待人处世的标准，不以关系亲疏和情感偏好去对待他人和世界。

6 子曰："放于利而行，多怨。"

【译文】

孔子说："依据利益而行动，会增加怨恨。"

【补说】

根据利益而非道义采取行动，自己若不能得利，心头会增加怨恨；自己若能得利，则会招致他人的怨恨。

7 子曰："不患无位，患所以立。不患莫己知，求为可知也。"

【译文】

孔子说："不要担心没有地位，而要担心自己赖以立身的是什么。不要怕无人知道自己，而要寻求做那些值得被人们知道的事。"

【补说】

这段话的意思就是：反求诸己。一个人立身处世，别人如何看待自己往往是不可控的，可控的是自己这个方面。不要对他人抱有幻想，自强自立才是立身之道。

8 子曰："参乎！吾道一以贯之。"曾子曰："唯。"子出，门人问曰："何谓也？"曾子曰："夫子之道，忠恕而已矣。"

【译文】

孔子说："参啊！我奉持的道贯穿着一个基本的观念。"曾子说："是。"孔子出去之后，孔子门人问曾子："这是什么意思？"曾子说："老师的道，就是对自己要尽心，对他人将心比心罢了。"

【补说】

忠恕之道是孔子思想的重要内容。在这里，"忠"是指对自己，"恕"是指对他人。"忠"，忠实尽心。"恕"，如己之心，将心比心，推己及人。

9 子曰："君子喻于义，小人喻于利。"

【译文】

孔子说："君子对'义'很清楚，小人对'利'很清楚。"

【补说】

这句话的意思是说，考虑事情的时候，君子心中更多地想到是否符合道义，小人心中则在盘算是否带来利益。如果君子是指有位者，本章就描述了一个基本事实：君子因其拥有所以不用更多地考虑物质利益，小人则因其匮乏所以更加注重物质利益。如果君子是指有德者，本章的意思就是：君子按照正义的原则行事，小人按照有利的原则行事。君子并非不懂得利益，只不过那不是他考虑的重点。"喻"，明白，清楚。

⑩ 子曰："德不孤，必有邻。"

【译文】

孔子说："有德之人不会孤单，一定会有跟他接近的人。"

【补说】

由于"德"是对"道"的响应，而"道"是周流天下的，因此有德之人必定不会孤单，一定会有跟他呼应的人，这种人无论在前世、当世或后世，都是必定存在的。

⑪ 子游曰："事君数，斯辱矣；朋友数，斯疏矣。"

【译文】

子游说："侍奉君主过于密切频繁，就会招致侮辱；跟同学同道交往过于密切频繁，就会变得疏远。"

【补说】

子游的意思是，无论对君主还是对朋友，都务必保持必要的距离。过于密切的交往，过于频繁的接触，迟早会引起对方的厌烦，从而使得关系走向反面。

公冶长第五

1 子曰："道不行，乘桴浮于海，从我者，其由与！"子路闻之喜。子曰："由也好勇过我，无所取材。"

【译文】

孔子说："如果我主张的道无法实行，我就乘上木筏漂流到海上去，跟从我的大概只有仲由吧！"子路听到这话很高兴。孔子说："仲由对勇气的喜爱超过了我，但没有什么可取的才能。"

【补说】

孔子说过"由也，千乘之国，可使治其赋也"，这表明他并不认为子路除了勇气没有才能。此处"无所取材"是孔子刻意敲打子路，他认为子路不够稳重。

2 子贡曰："夫子之文章，可得而闻也；夫子之言性、与天道，不可得而闻也。"

【译文】

子贡说："老师讲授的关于礼乐诗书的知识，是能够搞懂的；老师谈论天命、认同天道，是不能够搞懂的。"

【补说】

"性"，是指天命。《中庸》说："天命之谓性。""与天道"，认同天道。在子贡看来，礼乐诗书等典籍文献属于具体知识，容易领会；但天命、天道则属于哲学的领域，深奥神秘，是很难懂得的。"闻"，懂得。把"闻"解释为"听说"是不妥的，因为如果孔子从未提及"性"和"天道"，那么子贡也就无从讲出"夫子之言性、与天道"这样的话来。

本章的断句，跟通行版本不同。"夫子之言性与天道"，宜标点为"夫子之言性、与天道"，这里的"与"不宜理解为现代汉语中的连词"与"，而是一个实词，意思是"认同、赞成"。《子罕第九》中"子罕言利，与命，与仁"的"与"，也是这个意思。

3 子曰："晏平仲善与人交，久而敬之。"

【译文】

孔子说："晏平仲善于与人交往，相交很久后，别人仍然尊敬他。"

【补说】

孔子称赞晏婴的这句话深通人情。俗谚说"相见易得好，久后难为人"，此理相通。初见时容易看到对方的优点，相处久了则容易察觉对方的种种毛病。晏婴与人交往很久仍然能够获得别人的尊敬，这是很不容易的，这才算得上"善与人交"。

4 季文子三思而后行。子闻之，曰："再，斯可矣。"

【译文】

季文子再三考虑之后才付诸行动。孔子听到这情况，说："考虑两次，这就行了。"

【补说】

考虑两次，是谨慎；再三考虑，则是过于谨慎。过于谨慎，顾虑太多，就是太计较得失，容易优柔寡断，失去行动的勇气。

5 子曰："宁武子，邦有道则知，邦无道则愚。其知可及也，其愚不可及也。"

【译文】

孔子说："宁武子这个人，国家有道时他就显出聪明，国家无道时他就显得愚笨。他的聪明别人赶得上，他的装傻别人却赶不上。"

【补说】

希望获得肯定与认同是人的天性。积极进取、表现自己的聪明才智，是人的天然倾向。聪明人总会由于其智力优势而对周围人群造成压力，这通常会使得人们警惕甚至仇恨身边的聪明人，这同样是人的天然倾向。国家有道之时，竞争环境比较有序，发挥自己的聪明才智基本上是安全的；国家无道之时，不正常的竞争环境则容易使聪明人受到损害，此时真正的聪明人倾向于装傻。宁武子的"其愚不可及"，正是其高度聪明的表现。

6 子在陈，曰："归与！归与！吾党之小子狂简，斐然成章，不知所以裁之。"

【译文】

孔子在陈国，说："回去吧！回去吧！我们家乡的学生进取心强而处事疏阔，文采显耀却不知道如何修整自己。"

【补说】

此处我的认识与通行版本不同。孔子认为有进取心和有才干都是值得肯定的，但提高自身修养、加强自我约束是必要的。

雍也第六

1 子曰："质胜文则野，文胜质则史。文质彬彬，然后君子。"

【译文】

孔子说："人的自然属性压倒了文化属性，就会出现粗野不修的问题；人的文化属性压倒了自然属性，就会出现修饰过度的问题。人的自然属性和文化属性配合恰当，这才能够成为君子。"

【补说】

"质"是朴实的、无修饰的自然属性，"文"是经过修饰的、接受过教化的文化属性。"野"是无任何修饰的粗陋的状态，"史"是经过人力干预、带有造作矫饰的状态。《周礼·天官》中说，"史"是"掌官书以赞治"的，书面记录总是存在修饰与剪裁，带有人力造作美化。孔子要求人应该受文明教化，因此不能仅仅是"质"，必须有"文"；而"文"太过则变成矫饰，又会压倒人的天性。孔子认为，在人的天性和社会性之间应该达成平衡。本段翻译跟常见译文不同，读者应审慎辨别。

2 子曰："人之生也直，罔之生也幸而免。"

【译文】

孔子说："人的生存应该是正直的。不正直的人也能生存，是因为他侥幸躲过了灾祸。"

【补说】

"直"就是正直，坦直；"罔"就是"枉"，不正直。"直"本来是生命的天性，一切生物在理想状态下都是正直地成长和直接地表达自己的。而现实不可能是理想的，因而"直"才会成为一种美德，"罔"也才有它的土壤。但在正常的社会现实中，在多数情况下，不正直容易损害他人、招致灾祸，所以孔子说不正直的人也能生存，那是因为侥幸。

3 子曰："知之者不如好之者，好之者不如乐之者。"

【译文】

孔子说："对于求知这类事情，运用智力去理解，不如带着情感去喜欢；带着情感去喜欢，又不如发自内心地去享受。"

【补说】

孔子在此没有明确指出他所谈论的对象是什么，推测应为求知之事。

4 子曰："中人以上，可以语上也；中人以下，不可以语上也。"

【译文】

孔子说："对那些具有中等以上才智的人，可以告诉他们高深的东西；对于中等水平以下的人，则不可以告诉他们高深的东西。"

【补说】

孔子承认人的智力差异。中等以上才智的人，他们具有理解更高等的知识的可能性；而中等以下才智的人，他们无法理解高深的东西——他们非但不能理解，反而可能因误解或不解而生出更多的惑乱。

5 子曰："知者乐水，仁者乐山；知者动，仁者静。知者乐，仁者寿。"

【译文】

孔子说："智者享受对水的观赏，仁者享受对山的观赏，这是因为智者灵动，仁者沉静。智者是愉悦的，仁者是长寿的。"

【补说】

此处的标点跟通行的标点不同，我认为"知者动，仁者静"是对"知者乐水，仁者乐山"的解释——智慧具有灵动的特性，与水的流动相似；仁厚具有沉静的特性，与山的静默相似。这就是为什么"知者乐水，仁者乐山"——他们各自从水或山中发现了自己。"知者乐，仁者寿"，是说智者在自身的智力活动中体验到智力活跃的愉悦，而仁者因其厚重沉静而强化了其生命的稳定性，寿命因而得以延长。

6 宰我问曰："仁者虽告之曰井有仁焉，其从之也？"子曰："何为其然也？君子可逝也，不可陷也；可欺也，不可罔也。"

【译文】

宰我问道："假如告诉一个仁者说，井里有'仁'，他会跳下井去追随'仁'吗？"孔子说："为什么要这样做呢？这会使君子去到井边，却不会使他陷落井中，因为人们能够欺骗君子，但不能使他迷惑。"

【补说】

孔子倡导"仁"，宰我的提问比较尖锐，意思是在可能危及自身生命的情况下，还要不要追求"仁"。"井有仁"的"仁"，不宜理解为"仁人"，而宜理解为"仁"，毕竟"仁"不等同于"仁人"。宰我"井有仁焉，其从之也"所问的，不是要不要下井救人，而是"仁"的价值是否应冒着生命危险去追随。"可欺也，不可罔也"的回答，是孔子对此提问的反驳——"仁"作为一种价值并不存在于井中，宰我的提问方式是虚假的，是"欺"，但君子最终是不会被迷惑的。仁者并非笨人，他是具有理性的，他可能会被诱导到井边去，但要让他愚蠢地坠井是不可能的。

本章似乎暗示了"仁智一体"的思想。"仁"与"智"固然有所区别，但并不对立，二者常常是统一在一起的。

7 子贡曰："如有博施于民而能济众，何如？可谓仁乎？"子曰："何事于仁？必也圣乎！尧舜其犹病诸。夫仁者，己欲立而立人，己欲达而达人。能近取譬，可谓仁之方也已。"

【译文】

子贡说："假如有人能广泛地给人民好处并且能成就很多人希望做成的事情，怎么样？可以算是'仁'了吧？"孔子说："这关'仁'什么事？这一定是'圣'啊！按照这个标准，就连尧舜大概都是有缺点的啊。所谓'仁'，就是由于自己想要能立身，于是帮助别人也能立身；由于自己想要通达，于是帮助别人也能通达。凡事能就近以自己作比而推己及人，可以说就是实践'仁'的方法了。"

【补说】

"己欲立而立人，己欲达而达人"，这是推己及人实践"仁"的方法。"济"，成就。"济众"，成就众人的愿望，帮助众人达成他们的目标，这比"博施于民"更进一层。

"博施于民而能济众"，孔子称之为"圣"。支撑着"博施于民而能济众"的，则是"立人""达人"的"仁"的精神。在本章中，孔子视"仁"为推己及人的道德情感，视"圣"为"仁"的社会实践的最高境界，这是"仁"与"圣"二者的区别；"仁"未必能"圣"，"圣"必本于"仁"，这是"仁"与"圣"二者的关系。

述而第七

1 子曰:"默而识之,学而不厌,诲人不倦,何有于我哉?"

【译文】

孔子说:"默默地在内心识别道理辨别是非,在学习上不满足,在教人上不倦怠,这对我有什么困难呢?"

【补说】

本章中孔子谈论了三个方面:思考、学习和施教。"识"就是"知",识别,分辨。"默而识之"不是默默记得,而是默默地思考辨别。如果把"识"解释为"记得",而"学"是需要记忆的,那么"默而识之"就成为从属于下一句"学"的一个方面了,这将使得这串句子的表达逻辑出现问题。

2 子之燕居,申申如也,夭夭如也。

【译文】

孔子闲居在家,体态舒展,表情丰富。

本章讲孔子在家时的体态和神情。因为在家时比较自由和放松，所以体态更加舒展，表情更加丰富。"申"，同"伸"，伸展。"申申如"，舒展的样子。"夭夭如"，丰富繁盛的样子。（"夭夭，盛貌也。"）《说文解字注》解释《论语》此章，以"申"为"伸"，以"夭"为"屈"，说："上句谓其申，下句谓其屈，不屈不申之间，其斯为圣人之容乎。"我以为太哲学化了，这是以孔子为圣人而将其神圣化的过度解释。

❸ 子曰："志于道，据于德，依于仁，游于艺。"

【译文】

孔子说："追求至高无上的道，持守因对道有所体悟而形成的德，依托于仁这种根本的价值，活动于六艺的范围之中。"

【补说】

德者，得也。悟道有得，就叫德。本章孔子讲一个人如何把自己塑造为一个理想的人。对道要始终用心追求，对德要据守不失，对仁要一直依托，而活动范围则要尽量放在既能应对具体事务又能陶冶情操的六艺之中。

4 子曰："不愤不启，不悱不发。举一隅不以三隅反，则不复也。"

【译文】

孔子说："教导学生，不到他想弄明白而不得的时候，不去开导他；不到他有所思考却说不明白的时候，不去启发他。给他举出一个例子，他却不能由此而以类似的三个例子作出回应，则说明他未能进入学习和思考的状态，这时就不必再教他了。"

【补说】

本章讲教学的时机。"愤"是渴望求知的心理状态，"悱"是思考未明的心理状态。屋有四隅，彼此相似，故"举一隅而知三隅"是容易的；"举一隅不以三隅反"，则说明学生并未达到积极思考的"愤悱"的状态。这表明学生比较被动和麻木，教学时机未到，再教就是不合适的了，也必定会劳而无功。

5 子曰："富而可求也，虽执鞭之士，吾亦为之。如不可求，从吾所好。"

【译文】

孔子说："如果发财因合乎正义而可以去追求，那么，即使是给人执鞭这样的下等差事，我也要去做。如果发财因不合乎正义而不能追求，那我就不会追求发财，而会顺从我自己的爱好去做事。"

"不义而富且贵,于我如浮云",孔子是把富贵与正义联系在一起思考的。他不反对发财,但反对不义而发财。

6 子在齐闻《韶》,三月不知肉味,曰:"不图为乐之至于斯也!"

【译文】

孔子在齐国听到《韶》乐后,有三个月不曾吃肉。他说:"想不到欣赏音乐的快乐能达到这样的程度!"

【补说】

"三月不知肉味",字面意思是三个月中不能识别出肉的滋味。吃肉而不知肉味,除非失去了味觉。因此"三月不知肉味"的真实意思,不是三个月无法辨认肉的味道,而是三个月之中不曾吃肉——他沉浸在音乐的快乐中,全然忘却了口腹之欲的满足。几个月可以不吃肉,这让孔子自己都觉得惊讶,所以他说"不图为乐之至于斯也"。

7 子曰:"饭疏食,饮水,曲肱而枕之,乐亦在其中矣。不义而富且贵,于我如浮云。"

【译文】

孔子说:"吃粗陋的食物,喝白水,弯着胳膊当枕头,不用怀着对'不义'的忧惧，快乐也就在这中间了。用不正当的手段获得的富贵，对于我来说就像是天上的浮云一样。"

【补说】

为语意前后衔接，译文有所增补。若无增补，则"饭疏食，饮水，曲肱而枕之，乐亦在其中矣"就比较费解。"饭疏食，饮水，曲肱而枕之"，这是贫贱者的生活，而贫贱并不构成快乐的原因，所以根据下文做了增补，说明为何"乐亦在其中矣"。联系"不义而富且贵，于我如浮云"可知，之所以能虽贫贱而快乐，是因避免了"不义"而内心坦然，没有愧疚不安。

8 叶公问孔子于子路，子路不对。子曰："女奚不曰，其为人也，发愤忘食，乐以忘忧，不知老之将至云尔。"

【译文】

叶公向子路问孔子其人如何，子路不回答。孔子对子路说："你为什么不这样说：他为人是这样的——当他想要有所作为的时候，就会发愤用功而忘记了吃饭；当他快乐起来的时候，就会沉浸其中而忘记了忧愁。他的人生一直处于这种状态，他不理会衰老即将到来。"

【补说】

本章是孔子自述其坦荡而执着的生命状态。该"愤"的时候就"愤"，该"乐"的时候就"乐"，"愤"与"乐"互不干扰，这就是坦荡。发愤而不自我松懈，有乐而能心有所安，有生之日都是如此，这就是执着。

9 子曰："三人行，必有我师焉。择其善者而从之，其不善者而改之。"

【译文】

孔子说："三个人同行，其中必定有我所能学习的。选择那些好的部分来追随模仿，鉴别那些不好的部分来改掉自己的类似缺点。"

【补说】

"师"不是指老师这个身份，而是指学习这件事。孔子不仅以善者为师，而且以不善者为师，如此看来，学习可以无处不在。

10 子钓而不纲，弋不射宿。

【译文】

孔子钓鱼，但不用大网来捕鱼；射猎，但不射栖宿的鸟兽。

【补说】

本章的意思其实就是"取之有道"。人需要食物，所以钓与射是难免的。"钓而不纲"，是说孔子不贪，不做一网打尽这种不留余地的事情；"弋不射宿"，是说孔子不忍，他不忍心射杀栖宿时安息的鸟兽。不贪不忍，都有惜生的仁心。

11 子曰："盖有不知而作之者，我无是也。多闻，择其善者而从之，多见而识之，知之次也。"

【译文】

孔子说："可能存在着在人们无所了解的领域却能有所创造的智慧，我没有这种高等智慧。多听，选择其中好的见解来听从；多看，对所看到的现象加以分辨——这是次一等的智慧。"

【补说】

本章意思，与孔子所说的"生而知之者，上也；学而知之者，次也"相互发明。"不知而作之"，就属于"生而知之者"，是最高等智慧。"多闻，择其善者而从之，多见而识之"，这就是"学而知之"，是次等智慧。孔子认为学习极其重要，他自己也是属于"学而知之"的。

12 子曰："仁远乎哉？我欲仁，斯仁至矣。"

【译文】

孔子说："仁离我们很远吗？我想要仁，仁就会到来。"

【补说】

仁作为道德情感根植于固有的人性，在这个意义上说，仁不远也不难。也正因如此，发心去实践仁，这是关键。"我欲仁，斯仁至矣"并不是说实践仁是一件起心动念就能完成的事，而是说仁有赖于内在的道德自觉，实践仁要靠主观能动性的发挥，不是靠外界的力量。

13 子曰："文莫，吾犹人也。躬行君子，则吾未之有得。"

【译文】

孔子说："文献典籍的知识么，我同别人差不多。亲身实践文献典籍上的教导的君子，我却没有找到。"

【补说】

本章说知易行难。杨伯峻《论语译注》指出，前人都把"文莫"两字连读，因此我这样断句。以下是我的个人看法，供参考。"文莫"并非杨伯峻所说是一个双音词；吴检斋（承仕）先生以为"文"是一词，"莫"是一词，这是对的，但"莫"并不是吴先生所猜测的"大约"的意思，而是古代口语助词，相当于后世的"么"。这样理解，基本符合朱熹《集注》中"莫，疑辞"的说法，也能解释前人都把"文莫"两字连读的现象。

14 子曰："奢则不孙，俭则固。与其不孙也，宁固。"

【译文】

孔子说："无所节制惯了，就不会恭顺；自我约束惯了，就会显得鄙陋。与其不恭顺，宁可鄙陋。"

【补说】

无所节制惯了，就会使得放纵不羁成为习惯，变得不谦逊。

自我约束，缩手缩脚惯了，就会使得人的行为不敢张扬，显得鄙陋。孔子认为，不恭顺给人带来的风险，远高于鄙陋。"奢"，侈靡放纵。不仅包括当今所谓奢侈（物质享乐方面的放纵），凡过分过多、无所节制，皆是"奢"。"俭"，约，节制。

15 子温而厉，威而不猛，恭而安。

【译文】

孔子温和却又严厉，威严却不凶暴，恭谦却又安详。

【补说】

这是描述孔子中庸的神态。就一般情形来讲，温和则易流于软弱，威严则易流于凶猛，恭顺则易流于卑琐。孔子避免了这些毛病。

泰伯第八

1 子曰："恭而无礼则劳，慎而无礼则葸（xǐ），勇而无礼则乱，直而无礼则绞。君子笃于亲，则民兴于仁；故旧不遗，则民不偷。"

【译文】

孔子说："恭敬而不以礼来制约，就会忧愁不安；谨慎而不以礼来制约，就会拘谨畏缩；勇敢而不以礼来制约，就会胡作非为；坦直而不以礼来制约，就会急切躁动。君子厚待自己的亲属，民众中就会兴起仁爱的风气；君子不遗弃故交旧朋，民众就会厚道待人。"

【补说】

《礼记·仲尼燕居》中说"夫礼，所以制中也"，意思是"礼"是用来达成中道、避免极端的。讲求"礼"，才能有"节"，有"度"。"恭""慎""勇""直"等品质必须以"礼"来制约，才能符合中庸的准则，否则就会失度，出现"劳""葸""乱""绞"等负面情形。

"君子笃于亲"之后所讲的是君子以上率下，跟前句所讲的不是同一个话题。《论语》中这种现象多有，这是《论语》的编纂造成的——《论语》是在孔子去世后根据其门人（包括部分再传弟子）的回忆整理的，因此孔子的话语有时不连贯，意思有跳跃。

2 曾子有疾，孟敬子问之。曾子言曰："鸟之将死，其鸣也哀；人之将死，其言也善。君子所贵乎道者三：动容貌，斯远暴慢矣；正颜色，斯近信矣；出辞气，斯远鄙倍矣。笾（biān）豆之事，则有司存。"

【译文】

曾子有病，孟敬子去看望他。曾子对他说："鸟快死了，它的叫声是悲哀的；人快死了，他的话语是善意的。君子在行道方面所尊崇的有三点：变化容仪，这要远离粗暴和傲慢（容貌体态要谦恭）；端正表情，这要近于诚实（脸色不做假）；说出话语，表达语气，这要避免粗野和悖理（说话要文雅有理）。至于祭祀和礼仪，自有主管这些事务的来负责（不要乱插手）。"

【补说】

"动容貌，斯远暴慢矣；正颜色，斯近信矣；出辞气，斯远鄙倍矣"的译文，跟通行译本均不同，请读者自行辨析。

3 曾子曰："士不可以不弘毅，任重而道远。仁以为己任，不亦重乎？死而后已，不亦远乎？"

【译文】

曾子说："士不可以不刚强而有决断，因为他责任重大，前路遥远。把仁的实践作为自己的责任，这责任不也重大吗？到死才停止奋斗，这路程不也遥远吗？"

【补说】

曾子这段话易懂，是名句。杨伯峻引章太炎《广论语骈枝》说："《说文》：'弘，弓声也。'后人借'强'为之，用为'彊'义。此'弘'字即今之'强'字也。《说文》：'毅，有决也。'任重须彊，不彊则力绌；致远须决，不决则志渝。"

4 子曰："兴于《诗》，立于礼，成于乐。"

【译文】

孔子说："通过《诗》，获得生命的感发；借助礼，得以立身于社会；通过乐，完成生命的意境。"

【补说】

考虑到"兴""立""成"前后相续的关系，因而这样翻译。

5 子曰："民可使由之，不可使知之。"

【译文】

孔子说："对于民众，能够使他们遵循某种路径去行动，但没法使他们懂得为什么要这样行动。"

【补说】

　　孔子认为民众智力浅薄，他们有行动力而缺乏思考力。有人认为此句应断为"民可，使由之；不可，使知之"。意思则是：民众认可，就让他们照着去做；民众不认可，就向他们说明道理。这种断句既不符合孔子的思想，也不符合古文表达习惯。

6 子曰："好勇疾贫，乱也。人而不仁，疾之已甚，乱也。"

【译文】

　　孔子说："一个人崇尚勇敢又痛恨自己穷困，就会作乱。一个人如果不仁，大家过分地憎恨他，他也会作乱。"

【补说】

　　"人而不仁，疾之已甚，乱也"，有人解释为：一个人如果不仁，他内心的痛恨到了极限，就会作乱。根据一般语法，"疾之已甚"的"之"指代"人而不仁"的"人"，更为妥当。所以我更同意朱熹《集注》的解释："恶不仁之人而使之无所容，则必致乱。"

7 子曰："如有周公之才之美，使骄且吝，其余不足观也已。"

【译文】

　　孔子说："如果一个人具备周公那样美好的才能，假使他骄傲且吝啬，那其他方面也就不值得一看了。"

每个人都想张扬自我，因此一个人骄傲，就会让周围的人感到压抑；每个人都有贪念，因此一个人吝啬，就会让周围的人觉得这个人无所助益。人们对"骄而不吝"或"吝而不骄"是可以容忍的，前者让人觉得有所得，后者让人感到无所害。"骄且吝"，无补于人且对人傲慢，则必定会招致反感。

8 子曰："笃信好学，守死善道。危邦不入，乱邦不居。天下有道则见，无道则隐。邦有道，贫且贱焉，耻也；邦无道，富且贵焉，耻也。"

【译文】

孔子说："忠实诚信，热爱学习，守护并献身于善道。不进入动荡的国家，不停留在动乱的国家。天下有道就显现才干，天下无道就隐居不出。国家有道而自己贫贱，是耻辱；国家无道而自己富贵，也是耻辱。"

【补说】

"守死"，守卫和牺牲。"邦有道，贫且贱焉"，说明这个人缺乏本事，这是耻辱；"邦无道，富且贵焉"，说明这个人善于投机或为人邪恶，这也是耻辱。

9 子曰："狂而不直，侗而不愿，悾悾而不信，吾不知之矣。"

【译文】

孔子说："行为激进而不正直，头脑糊涂而不谨慎，蠢笨无知而不诚实，我不去了解这样的人。"

【补说】

行为激进而不正直，这种人对他人具有破坏性；头脑糊涂而不谨慎，这种人做事一定会搞砸；蠢笨无知而不诚实，这种人会直接危害其自身。"吾不知之矣"是说跟这些人保持距离，不打交道。

子罕第九

1 子罕言利，与命，与仁。

【译文】

孔子很少谈到利益，他认同命运，认同仁德。

【补说】

"子罕言利"，是指孔子对"利"的轻视。"与"，认同，赞成。在《论语》中，孔子常常讲到"仁"，有时也讲到"命"和"天命"。

2 子绝四：毋意，毋必，毋固，毋我。

【译文】

孔子断除了四种弊病：他不主观臆断，不作绝对判断，不会顽固不化，也不以自我为中心。

【补说】

真正断除这四种弊病是很难的。做到这四点，足可以称为圣人了。

3 子畏于匡，曰："文王既没，文不在兹乎？天之将丧斯文也，后死者不得与于斯文也；天之未丧斯文也，匡人其如予何？"

【译文】

孔子在匡地受到威胁，他说："周文王死去以后，文化不就在我这里了吗？如果上天想要消灭这种文化，那么我这次就会死去，今后的人就不能参与到这种文化中了；如果上天没到想要消灭这种文化的时候，那么匡人又能把我怎么样呢？"

【补说】

孔子认可天命，他自认为担负着上天赋予的文化传承使命。他在遭遇危险时的这种淡定从容，也表示了"生死有命"的观念。

4 子曰："吾有知乎哉？无知也。有鄙夫问于我，空空如也。我叩其两端而竭焉。"

【译文】

孔子说："我有智慧吗？我没有什么智慧。有浅陋之徒向我提问，我心头空荡荡的啥也不知道。对于一个事物，我从它的两端或两面去探求，直到达到我所能了解的极限。"

【补说】

表面上看，是孔子否认自己有智慧，实际上似乎是暗示获取知识的方法是近于智慧的。在孔子看来，浅陋之徒所想要了解的知识是没有什么价值的；他也认为，获取知识的方法比具体的知识更重要。他分析问题、获取知识的基本方法，就是"叩其两端而竭"，抓住事物或问题的正反、表里等两个对立方面，去求得对事物的理解或对问题的解决。这种方法符合中庸之道，是有价值的思想方法。

5 颜渊喟然叹曰："仰之弥高，钻之弥坚，瞻之在前，忽焉在后。夫子循循然善诱人，博我以文，约我以礼，欲罢不能。既竭吾才，如有所立卓尔。虽欲从之，末由也已。"

【译文】

颜渊感叹说："我抬头仰望老师，越仰望越是觉得高大；我钻研他的教导，越钻研越是觉得艰深；老师广大莫测，看着他在前面，他忽然却又在后面了。老师善于一步步地诱导我们，用文化来丰富我们，用礼节来约束我们，使我想停止学习都不可能。已经竭尽了我的才力去学习，但依然好像有一个高大的对象立在前面难以超越。虽然我想要追随上他，却没有路径啊。"

【补说】

本章描述了颜渊眼中的孔子。颜渊极力推崇自己的老师，认为孔子高不可攀难以超越。他也谈到孔子的教育内容，主要是"博我以文，约我以礼"；教育方法，则是"循循善诱"。

6 子在川上曰："逝者如斯夫，不舍昼夜。"

【译文】

孔子在河边说："一切事物的变迁就像这河水一样啊，昼夜不停。"

【补说】

"逝"的意思是"往"，也就是走开。这句话中孔子并未说"逝者"是指流逝的时间，但诠释者通常都理解为时间。我以为"逝者"是泛指包括时间在内的一切事物和现象的变迁，苏轼《赤壁赋》"逝者如斯，而未尝往也；盈虚者如彼，而卒莫消长也"中的"逝者"，也不单指时间。

7 子曰："吾未见好德如好色者也。"

【译文】

孔子说："我没有见过喜欢美德赶得上喜欢美色那种程度的人。"

【补说】

这是孔子对人性的观察。在孔子看来，人的自然本能具有强大的力量，这种力量足以压倒人通过文明教化发展出来的美德。

8 子曰："法语之言能无从乎？改之为贵。巽（xùn）与之言能无说乎？绎之为贵。说而不绎，从而不改，吾末如之何也已矣。"

【译文】

孔子说："符合法度的言论谁能不听从呢？但根据这样的言论来改正自己的错误才是可贵的。恭顺和赞同的话谁能听了不愉快呢？但推究这些话是否合理才是可贵的。只是觉得愉快却不去分析，只是表示听从却不改正错误，我对这种人无可奈何。"

【补说】

知易而行难，喜欢被认同，这都是人之常情。能根据正确的观点改正自己的缺点，能分辨顺耳之言的是非真伪，是不容易做到但应努力做到的。

9 子曰："三军可夺帅也，匹夫不可夺志也。"

【译文】

孔子说："即使三军可以失去主帅，一个人也不可以失去志向。"

【补说】

"志"，就是人的志向、志气、本心。本章孔子讲"志"对于一个人的重要性。军队不可失去主帅，失去主帅就无所统御，非常危险；尽管如此，在孔子看来，这种危险性也比不上"匹夫夺志"。"三军夺帅"是危险的，"匹夫夺志"却是毁灭性的。

10 子曰："知者不惑，仁者不忧，勇者不惧。"

【译文】

孔子说："智者不会迷惑，仁者不会忧虑，勇者不会畏惧。"

【补说】

本章浅显易懂。《礼记·中庸》中提出，"知、仁、勇"，是"达德"，是人类常行不变的美德。

11 子曰："可与共学，未可与适道；可与适道，未可与立；可与立，未可与权。"

【译文】

孔子说："存在着这样的现象：能够一起共同学习的人，未必能跟他一起追求道；能够一起追求道的人，未必能跟他一起做成事；能够一起做成事的人，未必能跟他一起谋划应变之方。"

【补说】

有的人可以学习普通的知识，但未必有能力追求大道；有的人能够追求大道，但未必有能力办成实事；有的人能够办成实事，但未必具有权衡变通的才智。

乡党第十

1 孔子于乡党，恂恂如也，似不能言者。其在宗庙、朝廷，便便言，唯谨尔。

【译文】

孔子在本乡本土，显得温和恭顺，像一个不擅长说话的人。他在宗庙和朝廷却善于言辞，只是说话谨慎而已。

【补说】

孔子是一位智者。他另一段话为本处提供了答案："可与言而不与之言，失人；不可与言而与之言，失言。知者不失人，亦不失言。"乡党的普通人并不理解高深的东西，多说无益，但跟本乡本土的人相处融洽是必要的；宗庙和朝廷正是表达观点发挥才智的地方，所以要善于表达，但那样的场合必须谨慎。

2 厩焚。子退朝，曰："伤人乎？"不问马。

【译文】

马棚失火被烧。孔子退朝回来，说："伤人了吗？"不问马的情况怎么样。

【补说】

孔子是人道主义者。马棚被烧掉，他问有没有伤人，而不问马的情况。他对人的关心胜过对财产的关心。鲁迅在《祝福》中写到祥林嫂失踪，鲁四老爷家的反应是"于是大家分头寻淘箩"，就是暗讽他们缺乏起码的人道关怀。

3 朋友死，无所归，曰："于我殡。"

【译文】

朋友死了，无处归葬，孔子说："由我来办丧事吧。"

【补说】

本章讲孔子对朋友之伦的重视。

4 见齐衰者，虽狎，必变。见冕者与瞽（gǔ）者，虽亵，必以貌。凶服者式之。式负版者。有盛馔，必变色而作。迅雷风烈，必变。

【译文】

看见穿丧服的人，即使关系很熟悉，也一定要改变脸色变得严肃。看见官员和乐师，即使关系很亲密，也一定表现出礼貌。乘车时看到穿丧服的人，就会俯下身子，手扶在车前横木上以示同情。在车上看见背负国家图籍的人，也会手扶在车前横木上以示敬意。如果有丰盛的筵席款待，他会改变神色并站起来致谢。遇见迅雷狂风，一定要改变神色以示对上天的敬畏。

【补说】

　　本章是讲孔子对生死、对礼乐的重视，对他人的礼貌和对自然的敬畏。

先进第十一

1 子曰："先进于礼乐，野人也；后进于礼乐，君子也。如用之，则吾从先进。"

【译文】

孔子说："先在礼乐方面取得进步，然后才做了官的人，是乡野平民；先做了官，然后才在礼乐方面取得进步的人，是拥有爵禄的君子。如果要用人才，那我选择先在礼乐方面取得了进步的人。"

【补说】

本章中的"君子"是指拥有爵禄的统治阶层子弟。这些人在为官之前没有接受礼乐知识的学习，凭社会地位就当上了官，但其实还不懂礼乐，并不知道怎样更好地为官施政。很明显，要做上官，"野人"比"君子"更难，需要更真实的才能和更苛刻的条件。

2 季路问事鬼神。子曰："未能事人，焉能事鬼？"曰："敢问死。"曰："未知生，焉知死？"

季路问关于侍奉鬼神的问题。孔子说：“人都没能侍奉好，怎能去侍奉鬼呢？”季路说：“斗胆请问死是怎么回事？”孔子说：“你连怎么活都没搞明白，为什么要去了解死呢？”

【补说】

孔子在此拒绝了对鬼神和死亡的讨论，但并未否定死亡和鬼神的存在。在孔子看来，死亡之后的情形不可知，讨论死亡和鬼神是没有结论也没有意义的。孔子的现实感很强，他认为探讨现实人生才是有意义的。

3 子贡问：“师与商也孰贤？”子曰：“师也过，商也不及。”曰：“然则师愈与？”子曰：“过犹不及。”

【译文】

子贡问孔子：“师（子张）和商（子夏）二人谁更好一些呢？”孔子回答说：“师过分，商不足。”子贡说：“这样说来，就是师更好吧？”孔子说：“过分如同不足，二者是一样的。”

【补说】

愚笨的人想得太少，这是“不及”；聪明的人想得太多，这是“过”。愚笨的人用力过猛，这是“过”；聪明的人偷懒耍滑，这是“不及”。无论愚笨与聪明，都可能出现“过”或“不及"的问题。拿捏分寸，恰到好处，并不容易。

4 子路问："闻斯行诸？"子曰："有父兄在，如之何其闻斯行之？"冉有问："闻斯行诸？"子曰："闻斯行之。"公西华曰："由也问'闻斯行诸'，子曰'有父兄在'；求也问'闻斯行诸'，子曰'闻斯行之'。赤也惑，敢问。"子曰："求也退，故进之；由也兼人，故退之。"

【译文】

子路问："听到了就行动起来吗？"孔子说："有父兄在，怎能听到了就行动呢？"冉有问："听到了就行动起来吗？"孔子说："听到了就行动起来。"公西华说："仲由问'听到了就行动起来吗'，您回答说'有父兄在'；冉求问'听到了就行动起来吗'，您回答'听到了就行动起来'。我被弄糊涂了，大胆问一下为何您对同一问题的回答不同。"孔子说："冉求性格退让，所以我鼓励他；仲由的冲动双倍于人，所以我抑制他。"

【补说】

"兼"，并，加倍。"兼人"，双倍于别人。这是孔子因材施教的一个范例，也表现了他的中庸思想——过于退让不行，过于冒进也不行，进退要适中。

颜渊第十二

1 颜渊问仁。子曰："克己复礼为仁。一日克己复礼，天下归仁焉。为仁由己，而由人乎哉？"颜渊曰："请问其目。"子曰："非礼勿视，非礼勿听，非礼勿言，非礼勿动。"颜渊曰："回虽不敏，请事斯语矣。"

【译文】

颜渊问关于"仁"的问题。孔子说："约束自我，一切言行回复到礼的要求上，这就是实践'仁'。一个人如果某一天做到了克己复礼，天下就归服他的仁德了。仁的实践只能通过自己，难道能通过别人吗？"颜渊说："请问具体实践'仁'的条目。"孔子说："不合于礼的不看，不合于礼的不听，不合于礼的不说，不合于礼的不做。"颜渊说："我虽然愚笨，也会按照这几句话去做。"

【补说】

"仁"有"生机"的含义。果核内部有生气的种子叫作"仁"；有感觉和感受才是仁，否则就是麻木不仁。程颢说，心如谷种，"仁"就是"生之性"，是生命的本性。在儒家的理解中，"仁"首先是一种生命情感，"仁者爱人"。本章中孔子讲

"克己复礼为仁"，不是对"仁"的定义，而是孔子关于怎样才能做到"仁"的解释。"为"是做、实践的意思。

孔子把"礼"作为"仁"的实践活动的基本规范，实践仁必须依礼而行。仁是内在的道德情感，礼是外在的实践活动。"克己复礼"是比较抽象的总纲，所以颜渊问具体的条目。应该注意的是，"非礼勿视，非礼勿听，非礼勿言，非礼勿动"是行为规范，但这些外在的行为规范会反过来维护并加强内在的"仁"。换句话说，符合"礼"的行为就是达成"仁"的修行。为什么符合"礼"的行为就是达成"仁"的修行呢？这是因为"礼"是符合"义"的，亦即正当合宜的，跟"生之性"是合拍的，因而是符合"仁"的。

2 仲弓问仁。子曰："出门如见大宾，使民如承大祭；己所不欲，勿施于人；在邦无怨，在家无怨。"仲弓曰："雍虽不敏，请事斯语矣。"

【译文】

仲弓问关于"仁"的问题。孔子说："出门办事如同去见贵宾，使唤百姓如同进行重大祭祀，都要庄敬严肃；自己都不想要的，不要强加于别人；要远离怨恨——在诸侯国中没人怨恨自己，在卿大夫封地里也没人怨恨自己。"仲弓说："我虽然愚笨，也会按照这几句话去做。"

【补说】

从孔子的这番言辞来看，冉雍（仲弓）似乎是一个性格比较强势、容易招致怨恨的人。但似乎没有资料证明仲弓是这样的人。以下理解可能更符合实情——孔子是针对仲弓的长处来讲这番话的，他在鼓励仲弓发扬长处以实践"仁"。颜渊问仁，孔子主要着眼于"礼"的修养；仲弓问仁，孔子的着眼点却是办事为官。孔子认为"雍也可使南面"，所以他教导冉雍的角度跟颜渊不同。冉雍为政"居敬行简"，跟本章中孔子对他的教导也相当吻合。

3 司马牛问君子。子曰："君子不忧不惧。"曰："不忧不惧，斯谓之君子已乎？"子曰："内省不疚，夫何忧何惧？"

【译文】

司马牛问关于"君子"的问题。孔子说："君子不忧虑，不恐惧。"司马牛说："不忧虑，不恐惧，这样就叫作君子了吗？"孔子说："自己问心无愧，那还有什么忧虑和恐惧呢？"

【补说】

"君子不忧不惧"，并不是没心没肺，也不是无情无义。"不忧不惧"，只是表象；符合道义，问心无愧，故而心安，才是实质。

4 齐景公问政于孔子。孔子对曰："君君，臣臣，父父，子子。"公曰："善哉！信如君不君，臣不臣，父不父，子不子，虽有粟，吾得而食诸？"

【译文】

齐景公向孔子问治国之政事。孔子回答说："君主做君主该做的事，臣子做臣子该做的事，父亲做父亲该做的事，儿子做儿子该做的事。"景公说："说得好啊！如果君主不做君主该做的事，臣子不做臣子该做的事，父亲不做父亲该做的事，儿子不做儿子该做的事，虽然有粮食，我能吃得到吗？"

【补说】

孔子这里强调的不是等级而是本分。他的意思是，每个人都在社会事务和伦理关系中扮演着自己的角色，做好这个角色该做的事，是本分。当人们都做好本分事，这就是符合礼的。齐景公的出发点似乎仅仅考虑到自己的利益，他并未谈及自己如何做好国君该做的事。

5 子曰："片言可以折狱者，其由也与？"子路无宿诺。

【译文】

孔子说："只听诉讼双方中一方的言辞就可以判决案件的，大概就是仲由了吧？"子路没有久拖而不兑现的诺言。

【补说】

子路凭"片言"以"折狱"，不合常理。对此有多种解释，譬如说子路明决，凭单方面陈述就可以作出判断；又如说子路忠信，人们因对他信服而不讲假话，所以凭一面之词就可以明辨真相和曲直。我以为这些说法都不对。孔子这句话，并未表明他认同"片言折狱"的做法，更可能暗含着孔子对子路轻率断案的委婉批评。

6 子曰："听讼，吾犹人也。必也使无讼乎！"

【译文】

孔子说："听取诉讼审理案件，我同别人是一样的。真正重要的是，务必使诉讼本身不发生！"

【补说】

孔子的意思是，有诉讼就是有纠纷，就是社会不和谐。审理案件的水平高低，并非问题的关键；关键是要社会和谐，和谐就能尽可能减少甚至消除诉讼。公正审案不是根本，真正的着力点在社会治理。

7 子曰："君子成人之美，不成人之恶。小人反是。"

【译文】

孔子说："君子促成别人的善行，不助长别人的恶行。小人与此相反。"

【补说】

他人有善行，要鼓励、随喜、助成；他人有恶行，则不能鼓励，不能助人行恶。"不成"是不支持，不代表要对着干。

8 季康子问政于孔子曰："如杀无道以就有道，何如？"孔子对曰："子为政，焉用杀？子欲善而民善矣。君子之德风，小人之德草，草上之风，必偃。"

【译文】

季康子向孔子询问如何治理，说："如果杀掉无道的人来使社会趋于有道，怎么样？"孔子回答说："您搞治理，何必用杀戮的手段呢？您想要善，大众就会跟着变善。在上位的人的品德好比风，在下位的人的品德好比草，风吹到草上，草就必定跟着倒。"

【补说】

孔子反对杀人，主张教化。即便是无道之人，孔子也是不主张杀戮的。在孔子看来，"德"的重要性高于"刑"，"刑"固然能够使人畏惧，但只有"德"才能使人真正信服。

9 子张问："士何如斯可谓之达矣？"子曰："何哉，尔所谓达者？"子张对曰："在邦必闻，在家必闻。"子曰："是闻也，非达也。夫达也者，质直而好义，察言而观色，虑以下人。在邦必达，在家必达。夫闻也者，色取仁而行违，居之不疑。在邦必闻，在家必闻。"

【译文】

子张问："士怎样才可以叫作'达'？"孔子说："你说的'达'是指什么？"子张回答说："在诸侯国里必定有名声，在大夫封地里也必定有名声。"孔子说:"这只是'闻',不是'达'。所谓'达',是品质正直,崇尚正义,善于揣摩别人的话语和观察别人的脸色而智慧地行事,心里想着谦恭待人。这样的人就一定能在诸侯国和大夫封地里通达。至于'闻',却是外表上装得像'仁'但行动上违背'仁',这样做还心安理得。但这种人无论在诸侯国里还是大夫封地里,都必定会获取名声。"

【补说】

本章中孔子辨析了"闻"与"达"的区别。"闻"是虚假的名声,并不是真正的显达; 只有质直而好义、聪明而谦恭,才能造就"达"。在孔子看来,伪君子不可能"达",但他们经常是能够获取虚名的。

❿ 子贡问友。子曰:"忠告而善道之,不可则止,毋自辱焉。"

【译文】

子贡问如何对待同道。孔子说:"诚心地劝告他,好好地引导他,如果他不认同就别再做什么了,不要自取其辱。"

【补说】

不难看出孔子的责任感和体察人情的智慧。对于同道者,一要"忠告而善道之",这是为对方尽责;二要"不可则止",要尊重对方的自主性,否则容易自取其辱,这是智慧。

11 曾子曰：“君子以文会友，以友辅仁。”

【译文】

曾子说：“君子通过对典籍的探讨来结交同道，依靠同道来帮助自己培养仁德。”

【补说】

“以文会友”，是指以对典籍的探讨来结交同道。“文”不是指一般的文章，更不是自己的文章，而是传统的、具有思想和文化意义的典章典籍；通过对这样的典籍的探讨交流，才能了解到对方是否跟自己具有相通的观念和追求，亦即对方能否成为跟自己志趣相投的“友”。（《说文解字注》：“周礼注曰：同师曰朋，同志曰友。”）

子路第十三

1 子路曰："卫君待子为政，子将奚先？"子曰："必也正名乎！"子路曰："有是哉，子之迂也？奚其正？"子曰："野哉，由也！君子于其所不知，盖阙如也。名不正则言不顺，言不顺则事不成，事不成则礼乐不兴，礼乐不兴则刑罚不中，刑罚不中则民无所错手足。故君子名之必可言也，言之必可行也。君子于其言，无所苟而已矣。"

【译文】

子路说："卫国国君等着您去从事治理，您打算以何为先？"孔子说："一定要先正确定义关于国家治理的各种概念。"子路说："有这样做的吗？您这是否太迂远了？这概念如何正确定义呢？"孔子说："仲由，你真没见识啊！君子对于他所不了解的，采取不谈论的态度。概念不正确定义，说话就不会顺当合理；说话不顺当合理，事情就办不成功；事情办不成功，礼乐也就不能兴盛；礼乐不能兴盛，刑罚就不会得当；刑罚不得当，百姓就不知道怎么做才符合法度。所以，君子定义概念，一定要能够符合说话的需要；说出话语，一定要能够实行。君子对于自己所说的话，没有马虎随便的。"

【补说】

我把"正名"理解为"正确定义概念",跟前人所说不同。明晰的概念是说话的基础,所以孔子说"名不正则言不顺"。其实《老子》中"道可道,非常道;名可名,非常名","名"也就是这个意思。根据上述理解,本章的译文是显豁且连贯的。

子路问为政,孔子先从"正名"即定义概念说起,所以子路疑惑这是不是太"迂"了。在孔子看来,"名—言—事"是环环相扣的,概念不明,表达就不顺;表达不顺,则做事不成。这个逻辑是清楚的。孔子认为正名是基础,是起点。其实他讲"君君,臣臣,父父,子子",这也是所谓"正名",即清晰地界定君臣父子作为伦理范畴的内涵,明确各自的界限,如此才能各安其位。

2 子曰:"其身正,不令而行;其身不正,虽令不从。"

【译文】

孔子说:"一个人如果自身正直,即使不命令别人,别人也会按照他的意思去做;一个人如果自身不正直,即使命令别人,别人也不会顺从他的意思去做。"

【补说】

这是讲居上位者的示范引领作用。

这段话也可理解为:"如果一个人自身正直,即使不命令他做正直的事,他也会去做;如果一个人自身不正直,即使命令他去做正直的事，他也不会听从。"区别在于"令"的主语和宾语不同。

3 叶公问政。子曰："近者悦，远者来。"

【译文】

叶公问关于政事的问题。孔子说："使近处的人们高兴，使远方的人们归附。"

【补说】

这是讲国家治理，要让本地人民具有认同感和幸福感，且对他处的人民具有吸引力和感召力。

4 子夏为莒（jǔ）父宰，问政。子曰："无欲速，无见小利。欲速则不达，见小利则大事不成。"

【译文】

子夏做莒父的总管，问孔子关于政事的问题。孔子说："不追求快速，不盯着小利。求快反而达不到目的，盯着小利就做不成大事。"

【补说】

"欲速则不达"，因为求快就容易草率，导致中途遭受波折。"无见小利"，因为只盯着小利就容易缺乏大局观，大事就容易搞砸。

5 子曰："不得中行而与之，必也狂狷乎！狂者进取，狷者有所不为也。"

【译文】

孔子说："假如找不到行为符合中庸的人来交往，那就必定只能跟狂者、狷者相交往了。狂者敢作敢为，狷者有所不为。跟这两种人都有交往，能帮助我们理解什么才是中庸的。"

【补说】

"狂"与"狷"是两种对立的品质，前者进取，弊在冒进；后者拘谨，流于退缩。孔子认为，中行就是不偏于狂，也不偏于狷；审视"狂"与"狷"，能让我们推测性地理解"中行"是怎样的。

6 子曰："君子和而不同，小人同而不和。"

【译文】

孔子说："君子讲求和谐但保持有别于他人的独立性，小人只求完全一致但缺乏和谐。"

【补说】

和谐是必需的，但不能构成对个体和个性的抹杀。人与人不同，所以君子"和而不同"，这是尊重事实符合事理的。"小人同而不和"则是违背事理的，因为完全的"同"是做不到的，只求与别人完全一致也必定导致不讲是非不讲原则。为什么小人

"不和"呢？因为他们在跟他人强行求同之时是有私心私利的，跟他人之"同"也只是表面的或手段上的，与他人的真正和谐是不可能的。

7 子贡问曰："乡人皆好之，何如？"子曰："未可也。""乡人皆恶之，何如？"子曰："未可也。不如乡人之善者好之，其不善者恶之。"

【译文】

子贡问道："乡人都喜欢他，此人如何？"孔子说："不能认可。"子贡又问："乡人都憎恶他，此人如何？"孔子说："也不能认可。那两种人不如下面这种人：乡人中的善人喜欢他，乡人中的恶人厌恶他。"

【补说】

全体乡人都喜欢，此人必定具有欺骗性；全体乡人都厌恶，此人必定有不为大家所了解或被误解的地方。在正常情况下，一个人不可能赢得所有人的赞叹，也不会招致所有人的憎恨。假如一个人"乡人之善者好之，其不善者恶之"，则说明他是好人，有原则讲是非，这才是值得肯定的。

8 子曰："君子易事而难说也。说之不以道，不说也；及其使人也，器之。小人难事而易说也。说之虽不以道，说也；及其使人也，求备焉。"

孔子说："对于一位君子来说，为他办事容易，但难以取悦他。不用'道'去取悦他，他是不会高兴的；但当他用人办事的时候，是把人当作'器'（特定工具）来使用的，他不会面面俱到提要求。对于一个小人来说，难以为他办事，却容易取悦他。不用'道'去取悦他，他也会高兴；但当他用人办事却会求全责备，要求办事的人像'道'那样无所不能。"

【补说】

"道"和"器"是相对的概念，所以翻译做了相应的处理。君子在事功方面有知人之智，故能用即可；在境界方面有独守之道，故难以取悦。小人与此相反。

9 子曰："君子泰而不骄，小人骄而不泰。"

【译文】

孔子说："君子安坦而不傲慢，小人傲慢而不安坦。"

【补说】

君子内心是稳定的、安坦的，因而他待人接物，既不会傲慢也不会谄媚。小人内心并不稳定安坦，因而他对人既有可能傲慢，也有可能谄媚。

10 子曰："刚毅木讷，近仁。"

【译文】

孔子说："坚强、果决、朴实、慎重，这些品质虽不是'仁'但接近于'仁'。"

【补说】

"刚""毅"侧重于内在精神力量的强健，"木""讷"侧重于外显的气质言行的朴实。这两个方面四种品质兼具，才接近于"仁"。

宪问第十四

1 宪问耻。子曰："邦有道，谷；邦无道，谷，耻也。""克、伐、怨、欲不行焉，可以为仁矣？"子曰："可以为难矣，仁则吾不知也。"

【译文】

原宪问什么是羞耻。孔子说："国家有道，做官拿俸禄；国家无道，也做官拿俸禄，这就是羞耻。"原宪又问："好胜、自夸、怨恨、贪欲都没有了，可以算做到'仁'了吧？"孔子说："这可以说是难得的。但至于是不是'仁'，我不知道。"

【补说】

"邦无道，谷"，这是贪图俸禄，没有原则和底线，因而是可耻的。

"克、伐、怨、欲"都没有了，这代表个人修养很高，这是很难做到的，但孔子认为这本身还不是"仁"。因为"克、伐、怨、欲"是偏于自我克制的修养，而"仁"则在"克己"之外还要"复礼"，还要"爱人"，孟子也说要"亲亲而仁民，仁民而爱物"。

2 子曰："士而怀居，不足以为士矣。"

【译文】

孔子说："士如果留恋安逸的家居生活，就不配做士了。"

【补说】

贪图安逸，是人之常情。但假如人人都贪图安逸待在家里，社会就无法运转。士对社会负有责任，因而必须出来为社会服务。士的自身价值也只能在社会中实现，因而不能贪恋舒适的家庭生活。

3 子曰："邦有道，危言危行；邦无道，危行言孙。"

【译文】

孔子说："国家有道之时，要正直地说话，正直地行动；国家无道之时，要保持行为的正直，但说话要低调谦逊。"

【补说】

孔子要求一个人必须始终保持行为的正直。但当国家腐败混乱时，说话必须随和谨慎，以避免祸端。

4 子曰："有德者必有言，有言者不必有德。仁者必有勇，勇者不必有仁。"

【译文】

孔子说："有德行修为的人，必定有相应的言论；有相关言论的人，却未必有相应的德行修为。仁者必定是具有勇气的，勇者却未必具有仁德。"

【补说】

有德行修为的人，只要讲出他的思考和领悟，那就是"有言"了。但"有言者不必有德"，他可能只是有某些思考而未必付诸实践，因而谈不上德行修为。仁者必定有道德勇气，但勇者的勇气却可能只是莽撞的甚至是残暴的。

5 南宫适问于孔子曰："羿善射，奡（ào）荡舟，俱不得其死然。禹稷躬稼而有天下。"夫子不答。南宫适出，子曰："君子哉若人！尚德哉若人！"

【译文】

南宫适问孔子说："羿善于射箭，奡力气很大能推船而行，他们都死于非命。禹和稷都亲自种植庄稼，却拥有了天下。"孔子不回应。南宫适出去后，孔子说："这个人是君子啊！这个人尊崇道德啊！"

【补说】

崇尚武力的，不得好死；发展民生的，拥有天下。在孔子看来，禹、稷亲自种地有益于民生，这就是利生的仁德；羿、奡以力而不得善终，使用武力杀生，这是反仁德的。南宫适这段话已经包含着恃力者亡、恃德者昌的道理，孔子认为回答将是多余的，因此他不回应。

6 子路问成人。子曰："若臧武仲之知，公绰之不欲，卞庄子之勇，冉求之艺，文之以礼乐，亦可以为成人矣。"曰："今之成人者何必然？见利思义，见危授命，久要不忘平生之言，亦可以为成人矣。"

【译文】

子路问怎样才能成为人格完备的人。孔子说："如果具有臧武仲的聪明，公绰的克制，卞庄子的勇敢，冉求的本领，再用礼乐加以修饰，也就可以算人格完备了。"孔子又说："现在的人格完备何必一定要达到这样的境界呢？见到财利能够想到是否正当，见到危险能够不惜性命，长久穷困还能不忘自己平生说过的话，这也可以算是人格完备了。"

【补说】

本章谈人格完备，孔子的回答分为两段。前一段是孔子所认为的理想人格；后一段是退而求其次，根据当前现实来谈人格的完备。"不忘平生之言"，是指不抛弃、不违背平生所说过的那些自勉自励、自我期许的话。

7 子路曰："桓公杀公子纠，召忽死之，管仲不死。"曰："未仁乎？"子曰："桓公九合诸侯不以兵车，管仲之力也。如其仁，如其仁。"

【译文】

子路说："齐桓公在争位时杀死了公子纠，同为公子纠的家臣，召忽自杀但管仲却没有自杀（且后来反而归服于齐桓公）。管仲不是仁人吧？"孔子说："桓公多次召集各诸侯会盟而不使用武力，这是管仲的功劳啊。这就是他近于仁的地方，这就是他近于仁的地方。"

【补说】

作为公子纠的家臣，管仲没有为公子纠牺牲反而归服其前任主子的政敌，这是不忠不信。孔子的观念似乎是，要动态地看人生，看他后续行为如何；要分清主次评价人物，看人物要识大体。孔子说过"君子贞而不谅"，意思就是大道不可含糊，而小信不必拘泥。离开大仁大义大原则去讲"信"，未必是恰当的。

8 子贡曰："管仲非仁者与？桓公杀公子纠，不能死，又相之。"子曰："管仲相桓公，霸诸侯，一匡天下，民到于今受其赐。微管仲，吾其被发左衽矣。岂若匹夫匹妇之为谅也，自经于沟渎而莫之知也？"

【译文】

子贡问："管仲不是仁人吧？桓公杀了公子纠，他不能为公子纠牺牲，反而又辅佐齐桓公。"孔子说："管仲辅佐桓公，称霸诸侯，匡正天下，百姓到今天还享受他的恩惠。如果没有管仲，恐怕我们会像夷狄那样披头散发，衣襟左开了。管仲怎能像凡夫俗子那样恪守小节，在小山沟里自杀而无人知道呢？"

【补说】

本章和上一章都是评价管仲，《论语》其他章节也提及管仲，看来孔子弟子相当关注管仲，孔子本人也深知管仲。本章要点主要是：要讲大义，有大功德，有利于广大人群；管仲未必是仁者，但大人物不必拘泥小信，要谋求更大的生命价值。

⑨ 子曰："君子上达，小人下达。"

【译文】

孔子说："君子向上通达高深的道理，小人向下通达表浅的事物。"

【补说】

关于"上达""下达"何所指，这里并不明确。这两个方面是相反的：若上达者是道，则下达者是器；若上达是向上长进，则下达是向下沉沦。

⑩ 子曰："古之学者为己，今之学者为人。"

【译文】

孔子说："古代的学习者是为了提升自己，现在的学习者是为了向别人展示。"

【补说】

学习是生命的自我提振，而不是为了向人炫耀。

11 子曰："不在其位，不谋其政。"曾子曰："君子思不出其位。"

【译文】

孔子说："不在那个职位，就不要去谋划该由那个职位上的人处理的政务。"曾子说："君子考虑如何处理政务，不会越过自己的职位范围。"

【补说】

"不在其位，不谋其政"，意思是处理政务不能越位，要摆正自己的位置。各负其责，各司其职，不该自己处理的政务，不要去谋划干预。越位不但无用，反而有害。

12 子贡方人。子曰："赐也贤乎哉? 夫我则不暇。"

【译文】

子贡议论别人的优劣短长。孔子说："赐啊，你很能干吧?

我没空去评论别人的短长。"

说人是非者，便是是非人。孔子批评子贡说人是非，说人是非有害无益，应把时间用在正确的地方。

⓭ 子曰："不逆诈，不亿不信，抑亦先觉者，是贤乎！"

【译文】

孔子说："不预先料想别人会欺诈，不凭空猜测别人不实诚，然而如果别人欺诈和不诚实却能率先察觉，这就是有才能了。"

【补说】

孔子的意思是说，做人要做忠厚人，怀有善意；同时也要做明白人，不被蒙蔽。一要忠厚，有善意；二要聪敏，有知人之智。

⓮ 或曰："以德报怨，何如？"子曰："何以报德？以直报怨，以德报德。"

【译文】

有人说："用恩德来回应别人的怨恨，怎么样？"孔子说："如果这样，那用什么来回报别人的恩德呢？应该用公平对等来回应别人的怨恨，用恩德来回报别人的恩德。"

孔子显然反对"以德报怨",他认为必须公平。"以直报怨"和"以德报德",才不会违背符合正义的公平原则。

15 子曰:"莫我知也夫!"子贡曰:"何为其莫知子也?"子曰:"不怨天,不尤人。下学而上达,知我者其天乎!"

【译文】

孔子说:"没有人了解我啊!"子贡说:"为什么说没有人了解您呢?"孔子说:"我命途不顺,不怨恨天;世途不顺,不责怪人。我向下学习关于人的知识,而能向上通达关于天的道理,了解我的只有天吧!"

【补说】

根据上下文,孔子主要谈论的对象是人和天,所以我把"下学"理解为学习"关于人(社会)的知识",把"上达"理解为通达"关于天(天道)的道理"。关于"天"的知识是不可能直接学习得到的,孔子是通过对形而下的人生的理解,进而领悟出形而上的"天命"的。学而至于知天,难与人言,故孔子说人莫知我,唯天知我。

16 子曰:"贤者辟世,其次辟地,其次辟色,其次辟言。"子曰:"作者七人矣。"

孔子说："最厉害的，避开动荡的社会去隐居；次一等的，躲到社会中相对安稳的地方去；再次一等的，避开别人难看的脸色；再次一等的，回避别人难听的话。"孔子又说："这样做的已有七个人了。"

【补说】

孔子这里讲如何在混乱的时代里为人处世。最彻底的逃避是远离社会去隐居，但人是社会性动物，很难脱离社会，能隐居者毕竟是极少数。三个"其次"是说在不隐居的情况下该如何维护安全与尊严。"作者七人"，意味着要做到这些其实是很不容易的。七人，据《论语·微子》，应是伯夷、叔齐、虞仲、夷逸、朱张、柳下惠、少连等七位"逸民"。

卫灵公第十五

1 在陈绝粮，从者病，莫能兴。子路愠见曰："君子亦有穷乎？"
子曰："君子固穷，小人穷斯滥矣。"

【译文】

孔子在陈国断了粮食，随行的人都十分疲惫，饿得无人能站
立起来。子路很气愤地来见孔子，说道："君子也会有这样的困
境吗？"孔子说："君子在困境中坚守原则，小人一遇困境就会
失控。"

【补说】

"滥"，流水漫溢，引申为失去节制，失控。孔子的话是对
子路的回应和批评。

2 子曰："赐也！女以予为多学而识之者与？"对曰："然，非
与？"曰："非也。予一以贯之。"

【译文】

孔子说："赐啊！你以为我是学习得多并具备辨识能力的那
种人吗？"子贡回答说："对啊，难道不是吗？"孔子说："不

是的。我是用一个根本的东西把各种事物与现象贯通起来。"

【补说】

这是孔子认识论的重要部分，他认为关键是处理好"一"与"多"的关系。很显然，孔子确实是"多学而识之"的，但他认为这不是要点，要点是要能发现事物之间的普遍联系，找到规律，做到"一以贯之"。

3 子曰："可与言而不与之言，失人；不可与言而与之言，失言。知者不失人，亦不失言。"

【译文】

孔子说："应该同他谈话却不同他谈话，这就是错过了对的人；不应同他谈话却同他谈话，这就是说错了话。智者既不错过对的人，又不会说错话。"

【补说】

本章讲的是，说话要看对象。

4 子曰："志士仁人，无求生以害仁，有杀身以成仁。"

【译文】

孔子说："志士仁人，没有为求活命而损害仁的，但有牺牲自己来成全仁的。"

本章讲的不是对所有人的要求，只是对"志士仁人"的要求。凡有志气和有仁德的人，没有为了求生而失德的，只有以自我牺牲来争取真理的；如果不这样做，也就算不上"志士仁人"了。

5 子曰："人无远虑，必有近忧。"

【译文】

孔子说："一个人没有长远的打算，一定是因为他有眼前的忧患。"

【补说】

孔子的意思是说，一个人无暇顾虑长远，是因为他急于面对眼前的忧患。忧患迫在眉睫之时，人会本能地想立即解决，此时他不会也不需要考虑长远。这个翻译跟传统的理解并不相同，请读者深思。传统的理解是费解的，因为即使没有长远的考虑，也未必会有忧患近在眼前。

经验告诉我们，几乎所有心智正常的人都会自觉不自觉地考虑未来，在这个意义上说，人们或多或少都是有"远虑"的。区别仅在于这些"远虑"未必是明智的，如是而已。孔子并非强调人要"远虑"，他的意思是说"近忧"会妨碍"远虑"，因其更为急迫。

6 子曰："君子求诸己，小人求诸人。"

【译文】

孔子说："君子向自己索求，小人向别人索求。"

【补说】

如果要设法得到什么，君子是向自己提要求，靠自己的能力去实现。小人则相反。譬如名声和机会，孔子说"君子病无能焉，不病人之不己知也"，这就是君子"求诸己"而不"求诸人"的表现之一。

7 子曰："君子矜而不争，群而不党。"

【译文】

孔子说："君子保持庄重，不与人争夺；合群，但不拉帮结派。"

【补说】

"矜"是跟他人保持距离的一面，"群"是跟他人保持和谐的一面。

8 子曰："君子不以言举人，不以人废言。"

【译文】

孔子说："君子不因一个人的言论而举荐他，也不因一个人为人不好而不采纳他的合理言论。"

【补说】

一言以蔽之，就是实事求是。一个人言论正大，为人却未必正大；一个人为人不行，不代表他讲不出合理的意见。

9 子贡问曰："有一言而可以终身行之者乎？"子曰："其恕乎！己所不欲，勿施于人。"

【译文】

子贡问道："有一个字可以用来终身奉行的吗？"孔子说："那就是'恕'吧！自己不想要的，不要强加给别人。"

【补说】

"恕"，就是以自己的心推想别人的心，也就是我们通常所说的同情心和同理心。自己不想要，则可推想别人也不想要，那么就不应施加于人，这就是"己所不欲，勿施于人"。

10 子曰："巧言乱德。小不忍则乱大谋。"

【译文】

孔子说："花巧的话，会败坏德行。小处不能忍耐，就会败坏全盘大计。"

《说文解字》："忍，能也。"王筠《说文解字句读》："能读为耐。"则"忍"可释为"忍耐"。本章的话语逻辑——前句"巧言乱德"讲的是"言"，后句"小不忍则乱大谋"讲的是"行"。

11 子曰："众恶之，必察焉；众好之，必察焉。"

【译文】

孔子说："如果大家都厌恶一个人，那就一定要明察其原因；如果大家都喜欢一个人，也一定要明察其原因。"

【补说】

孔子认为"众恶之"与"众好之"，都是反常现象，这背后一定存在着暂时不为我们了解的原因。考察这现象掩藏的事实，探明这现象背后的原因，是必要的。

12 子曰："人能弘道，非道弘人。"

【译文】

孔子说："人能够使'道'显现出它的强大，不是'道'来显现出人的强大。"

【补说】

"道"是沉默的，而人有主观能动性，是人的发现和实践，使"道"得以显现出它的强大恢宏。朱熹说，"道体无为"，这又决定了"道不能大其人也"。

13 子曰："君子不可小知而可大受也，小人不可大受而可小知也。"

【译文】

孔子说："君子不能用小聪明衡量他，但他能担负重大使命；小人不能担负重大使命，但他能够表现出小聪明来。"

【补说】

"受"的意思，从给予方来说，是"托付"；从被给予方来说，是"担负"。"大受"就是重大托付、重大使命。"知"，智。"小知"，小聪明。

14 子曰："当仁，不让于师。"

【译文】

孔子说："面对着'仁'，即使是老师，也不跟他谦让。"

【补说】

"仁"是衡量是非善恶的最高准则。师道尊严的前提，是

"师"与"道"同在。"道"或真理是至高无上的,在真理面前,师生是平等的。

15 子曰:"君子贞而不谅。"

【译文】

孔子说:"君子持守大道大善,可以不拘泥于普通的信用。"

【补说】

《说文解字》释"贞"为"卜问","卜问"者是国之大事;释"谅"为"信",是指人与人之间说话可靠。孔子并不是在普通意义上讲这句话的,他是认同"谅"的价值的。他的意思是说,"贞"是大道大善,优先于普通的"谅"。

16 子曰:"有教无类。"

【译文】

孔子说:"教育是平等周遍的,教育没有智与愚、富与贫、贵与贱、老与幼、种族与地域等种种区别。"

【补说】

孔子极力强调"学",强调"学"则会重视"教"。"有教无类"敞开了"教"的大门,这是文明获得群体性进步的必由之路。

17 子曰："道不同，不相为谋。"

【译文】

孔子说："如果主张的'道'不同，那就不要互相商议。"

【补说】

"道"不同，意味着根本的立足点、出发点不同。原则性分歧是不可克服的。"道不同"，则不可能"谋"到一块儿去；强行相与"为谋"，必定是愚蠢的。"不相为谋"也可解释为"不会为对方考虑"，这样理解也很有意思。

季氏第十六

1 孔子曰："益者三友，损者三友。友直，友谅，友多闻，益矣。友便辟，友善柔，友便佞，损矣。"

【译文】

孔子说："有益的同道有三种，有害的同道有三种。同道者正直、诚信、见闻广博，这对我们是有益的。同道者乐于走捷径或邪道，惯于假装温良柔顺，善于花言巧语，这对我们是有害的。"

【补说】

本章讲交友之道。"便辟"与"直"相对，是不正直的；"善柔"与"谅"相对，是不真诚的；"便佞"与"多闻"相对，是言无实义的。

2 孔子曰："益者三乐，损者三乐。乐节礼乐，乐道人之善，乐多贤友，益矣。乐骄乐，乐佚游，乐晏乐，损矣。"

【译文】

孔子说："有益的喜好有三种，有害的喜好有三种。喜欢用礼乐调节自己，喜欢称道别人的优点，喜欢拥有许多有才能的同道，这是有益的。喜欢骄纵而无节制的快感，喜欢闲游，喜欢沉溺于吃吃喝喝，这是有害的。"

【补说】

根据孔子此处的描述可知，"益者三乐"是精神方面的快乐，"损者三乐"主要是感官方面的快乐。但应知孔子此处并未否定获得感官快乐的必要性，从"骄乐""佚游""晏乐"的措辞可知，他反对的是过度追求感官享受。

3 孔子曰："侍于君子有三愆：言未及之而言谓之躁，言及之而不言谓之隐，未见颜色而言谓之瞽。"

【译文】

孔子说："侍奉在君子身边有三种过失：还没谈及相关话题就率先来谈，这叫急躁；已经谈到的话题却不讲出自己的看法，这叫隐瞒；不看君子的脸色表情而只顾自己说话，这叫眼瞎。"

【补说】

"君子"是指有德行或有地位的人，"侍"字意味着这里的"君子"是指有地位的人。孔子重"礼"，所以他这样说。其实在多数情况下，这也是与人交谈的恰当的礼仪。

4 孔子曰："君子有三戒：少之时，血气未定，戒之在色；及其壮也，血气方刚，戒之在斗；及其老也，血气既衰，戒之在得。"

【译文】

孔子说："君子有三种情况应加以防备：年少的时候，血气还不稳定，要防止的在给人脸色；到了壮年之时，血气方刚，要防止的在与人争斗；到了年老之时，血气已经衰弱了，要防止的在贪得无厌。"

【补说】

"色"，脸色，《论语·为政第二》中有"色难"。年少时血气未定，情绪难以自控，容易给人脸色看。多数人把"色"理解为"美色"，也有道理，但理解为"脸色"更妥。脸色喜愠无常，是缺乏修养的表现。血气方刚则容易与人争斗，争斗既不合"礼"，也必定带来伤害。年老近死，虽多得亦无用，因而贪得则是不智，且不合"礼"。总体来看，这段话是以"礼"为核心的。

5 孔子曰："生而知之者，上也；学而知之者，次也；困而学之，又其次也；困而不学，民斯为下矣。"

【译文】

孔子说："生来就懂得的，是上等聪明；学习以后才懂得的，是次等聪明；遇到阻碍才去学习，是又次一等的聪明；遇到阻碍却依然不学习，这种人就是最下等的了。"

本章强调的是"学"。孔子承认人的智力差异，他说有"生而知之者"。但孔子说"我非生而知之者，好古，敏以求之也"，意思是他认为自己属于"学而知之者"。"困"，阻碍不通。《孔注》："困，谓有所不通。"

6 孔子曰："君子有九思：视思明，听思聪，色思温，貌思恭，言思忠，事思敬，疑思问，忿思难，见得思义。"

【译文】

孔子说："君子有九点须想到的：看，要想到是否看明白了；听，要想到是否听清楚了；自己的脸色，要想到是否温和；自己的容貌态度，要想到是否谦恭；说话，要想到是否诚心；办事，要想到是否慎重；有疑惑，要想到是否询问他人；发怒时，要想到是否有后患；发现有获利的机会时，要想到是否正当。"

【补说】

本章具有反思精神，讲得很细，对言行举止的许多方面都考虑到了。

7 孔子曰："见善如不及，见不善如探汤。吾见其人矣，吾闻其语矣。隐居以求其志，行义以达其道。吾闻其语矣，未见其人也。"

孔子说："看到好的行为，就像自己做不到那样担心；看到不良行为，就像手伸到沸水中那样立即避开。我见到过这样的人，也听到过这样的话。隐居独处省察内心，以此探明自己的志向；依照正义去行动，以此贯彻自己奉持的真理。我听到过这样的话，却没有见到过这样的人。"

【补说】

孔子的意思是，"见善如不及，见不善如探汤"，这是相对容易做到的；"隐居以求其志，行义以达其道"，这是很难做到的。

阳货第十七

1 阳货欲见孔子，孔子不见，归孔子豚。孔子时其亡也而往拜之，遇诸途。谓孔子曰："来！予与尔言。"曰："怀其宝而迷其邦，可谓仁乎？"曰："不可。""好从事而亟失时，可谓知乎？"曰："不可。""日月逝矣，岁不我与。"孔子曰："诺，吾将仕矣。"

【译文】

阳货想见孔子，孔子不见他，他就赠送小猪肉给孔子，使孔子不得不根据礼仪要求来拜谢。孔子趁着阳货不在家的时机去阳货家拜谢，却在路上遇见了阳货。阳货对孔子说："来，我跟你说。"阳货说："怀揣着珍贵的本领而听任国家事务糊里糊涂，这可以叫作'仁'吗？"孔子说："不可以。"阳货说："喜欢参与政事而又屡次错失机会，这可以说是'智'吗？"孔子说："不可以。"阳货说："日月不断流转啊，年岁是不等我的啊。"孔子说："好，我将要出来做官了。"

【补说】

本章是很生动也很简洁的对话。阳货很聪明，他说服孔子出来做官，尊重了孔子主张的价值观，抓住了孔子热心政事和不愿虚度年华的心理。

2 子曰："性相近也，习相远也。"

【译文】

孔子说："人的先天本性是相近的，后天的习染却有很大的不同。"

【补说】

孔子讲的是"性相近"，是说人性是近似的，他没有明确说"人性善"。"习相远"则意味着，关注后天的经历和抉择比谈论先天的本性更靠谱。据此我们则能理解孔子为何如此重视学习，因为学习是后天的事。

3 子曰："唯上知与下愚不移。"

【译文】

孔子说："只有上等的智慧与下等的愚蠢是无法改变的。"

【补说】

孔子认为人与人"性相近"，但同时存在着智力的差异。具有最高等或最低等智力的人都是无法改变的，这是显然的；而"不移"不包括两者之间的绝大部分人——除了天才和愚人，其余人都是能通过学习得以改变的。

4 子张问仁于孔子。孔子曰："能行五者于天下为仁矣。""请问之。"曰："恭、宽、信、敏、惠。恭则不侮，宽则得众，信则人任焉，敏则有功，惠则足以使人。"

【译文】

子张向孔子问"仁"。孔子说："能够对天下人展现五种品质，就是仁了。"子张说："请问哪五种。"孔子说："庄重、宽厚、信实、机敏、慈惠。庄重就不会被欺侮，宽厚就能赢得大众，信实就能被人信赖，机敏就能做成事情，慈惠就足以使唤别人。"

【补说】

"仁"有丰富的内涵，这是就子张的提问所做的有所针对的回答。孔子认为只有"恭、宽、信、敏、惠"五者之一，不能叫作"仁"；五者齐备，才能叫作"仁"，因此他说"能行五者于天下"才为"仁"。

5 子曰："由也，女闻六言六蔽矣乎？"对曰："未也。""居，吾语女。好仁不好学，其蔽也愚；好知不好学，其蔽也荡；好信不好学，其蔽也贼；好直不好学，其蔽也绞；好勇不好学，其蔽也乱；好刚不好学，其蔽也狂。"

【译文】

孔子说："由呀，你听说过用六个字描述的品质的六种弊病吗？"子路回答说："没听说过。"孔子说："别动，我告诉你。喜欢仁德而不爱好学习，它的弊病是愚昧蠢笨；喜欢智慧而不爱好学习，它的弊病是浮泛无根；喜欢诚信而不爱好学习，它的弊病是带来伤害；喜欢正直而不爱好学习，它的弊病是急切躁动；喜欢勇敢而不爱好学习，它的弊病是胡作非为；喜欢刚强而不爱好学习，它的弊病是狂妄自大。"

【补说】

这段对话是由孔子主动发起的，明显是针对子路不喜欢学习的缺点而加以训诫。这段话中还包含着一个深刻的道理：如果只有对美德的喜好却没有对美德之中所蕴含的道理的理解（通过学习才能理解），践行"美德"则可能是有害的。

6 子曰："小子何莫学夫《诗》？《诗》，可以兴，可以观，可以群，可以怨。迩之事父，远之事君。多识于鸟兽草木之名。"

【译文】

孔子说："后生们为什么不学习《诗》呢？《诗》，可以用它来感发自己的情思，可以用它来观察世故人情，可以用它来表达情感以团结大众，可以用它来讽谏上级。近，可以用《诗》来侍奉父母；远，可以用《诗》来侍奉君主。还可以用《诗》来辨别多种鸟兽草木的名称。"

【补说】

这段话主要围绕《诗经》作为诗歌的特点来讲它的学习价值。诗歌是表达情志的，"兴观群怨"都跟情感有关，因而这样翻译。

7 子曰："乡愿，德之贼也。"

【译文】

孔子说："乡下那些看似恭谨忠厚的人，是道德的败坏者。"

【补说】

表面上恭谨忠厚，实质上是为了取悦于人，并不是真正具有美德。这种人似德非德，在乡人中具有欺骗性，容易导致伪善盛行，所以孔子痛斥。

8 子曰："鄙夫可与事君也与哉？其未得之也，患得之。既得之，患失之。苟患失之，无所不至矣。"

【译文】

孔子说："一个鄙陋的人可以参与侍奉君主这事吗？他在没有得到官职时，担心得不到官职。已经得到官职了，又担心失去它。这种人如果担心失掉官职，那就什么事都干得出来。"

【补说】

志于道德者不在乎功名，志于功名者不在乎富贵，志于富贵者就是"鄙夫"。鄙夫除了富贵不在乎一切，所以他就会"无所不至"。

9 子曰："古者民有三疾，今也或是之亡也。古之狂也肆，今之狂也荡；古之矜也廉，今之矜也忿戾；古之愚也直，今之愚也诈而已矣。"

【译文】

孔子说："古代的普通人有三种毛病，现在恐怕连这三种毛病都没有了。古代的狂是愿望太高而不拘小节，现在的狂却是狂妄而放荡失节；古代的矜是持守太严而棱角峭厉，现在的矜却是凶暴蛮横；古代的愚是不明智地直来直去，现在的愚却是不加掩饰的直接欺诈。"

【补说】

在孔子看来，当前的社会太差了；而在古代社会，即使是"疾"之中都还有可接受的部分。"今之愚也诈而已矣"相对较为费解。孔子的意思是，现在蠢人们都会搞欺诈，只不过他们的欺诈都是直接的、赤裸裸的、不加掩饰的，没有智力含量罢了。

10 子曰："予欲无言。"子贡曰："子如不言，则小子何述焉？"子曰："天何言哉？四时行焉，百物生焉。天何言哉？"

【译文】

孔子说："我想不说话了。"子贡说："您如果不说话，那么后生们传述什么呢？"孔子说："上天说了什么话呢？四季照常运行，百物自然生长。上天说了什么话呢？"

本章也不是孔子被动回答提问，而是主动提出"予欲无言"。人是要说话的，孔子说"予欲无言"的原因，应是人们通过孔子之"言"来理解孔子，而孔子则认为观其"言"不能知其"道"。子贡的话就印证了这一点——人们关注的是孔子的"言"。本章所提出的是"言"与"道"的关系的哲学问题，"道"遍及宇宙而沉默，"言"是无法抵达"道"的。

❶❶ 子曰："饱食终日，无所用心，难矣哉！不有博弈者乎？为之犹贤乎已。"

【译文】

孔子说："整天吃得饱饱的，什么心思也不用，这太难了！不是还有下棋的游戏吗？干这事也比无事可干要好。"

【补说】

本章讲的是人的普遍经验。人心始终是活跃的，心思不动是很难的，完全无事可干是很难受的。

❶❷ 子路曰："君子尚勇乎？"子曰："君子义以为上。君子有勇而无义为乱，小人有勇而无义为盗。"

【译文】

子路说："君子崇尚勇敢吗？"孔子说："君子把'义'置

于'勇'之上。君子有勇无义就会失去规范，小人有勇无义就会成为盗贼。"

【补说】

勇气推动行动，但行动是否正当却不是"勇"所能决定的，是由"义"决定的。孔子认为"义"是比"勇"更高的价值，无"义"之"勇"的危害很大。

微子第十八

1 楚狂接舆歌而过孔子曰："凤兮凤兮，何德之衰？往者不可谏，来者犹可追。已而，已而！今之从政者殆而！"孔子下，欲与之言。趋而辟之，不得与之言。

【译文】

楚国狂人接舆唱着歌从孔子的车旁走过，他唱道："凤凰啊凤凰啊，你的德行怎么如此不堪呢？过去的已经不能纠正，未来的还来得及补救。算了吧，算了吧！如今的从政者危险啊！"孔子下车，想同他交谈。接舆小跑避开，孔子未能跟他交谈。

【补说】

凤凰之德，是有道则见，无道则隐。接舆的歌，是以凤凰暗喻孔子，暗讽他在无道之世不归隐，所以说"何德之衰"。很明显，接舆是了解孔子为人的，知道孔子是"知其不可而为之"的。他跟孔子志趣不同，但也尊重孔子的选择，因而只是用歌唱委婉规劝孔子；他歌唱后就赶紧避开，说明此人非常聪明，深知"道不同不相为谋"的道理。

2 长沮、桀溺耦而耕。孔子过之，使子路问津焉。长沮曰："夫执舆者为谁？"子路曰："为孔丘。"曰："是鲁孔丘与？"曰："是也。"曰："是知津矣。"问于桀溺。桀溺曰："子为谁？"曰："为仲由。"曰："是鲁孔丘之徒与？"对曰："然。"曰："滔滔者天下皆是也，而谁以易之？且而与其从辟人之士也，岂若从辟世之士哉？"耰（yōu）而不辍。子路行，以告。夫子怃然曰："鸟兽不可与同群，吾非斯人之徒与而谁与？天下有道，丘不与易也。"

【译文】

长沮、桀溺在一起耕种。孔子路过，派子路去询问渡口在哪里。长沮问子路："那个握着缰绳的是谁？"子路说："是孔丘。"长沮说："是鲁国的孔丘吗？"子路说："对。"长沮说："那他知道渡口在哪里了。"子路再去问桀溺。桀溺说："你是谁？"子路说："我是仲由。"桀溺说："你是鲁国孔丘的门徒吗？"子路说："对。"桀溺说："各种丑恶现象像滔滔奔流的洪水一般到处都是，用谁能够改变这局面呢？况且你与其跟着此时车上那位躲避人的人，怎能比得上跟着我们这种躲避社会的人呢？"说完继续平整土地。子路走回来，把情况报告孔子。孔子失望地说："人不能与鸟兽合群同居，我除了跟世上的人们在一起还能跟谁在一起？如果天下有道，我就不会去参与改变什么了。"

【补说】

长沮、桀溺都是隐士，也就是所谓"辟世之士"。长沮针对孔子，"是知津矣"语带嘲讽；桀溺主要是针对子路，劝子路退隐避世。本章最后孔子的话，表现了他崇高的精神境界。首先，孔子认为人必须肩负起对人类的责任，而与鸟兽同群的退隐是推卸人之为人的责任，不符合人类伦理；其次，孔子是依"道"而不忘天下的，他认为正因为天下无道，自己才为改变社会而不懈奔走。

3 逸民：伯夷、叔齐、虞仲、夷逸、朱张、柳下惠、少连。子曰："不降其志，不辱其身，伯夷、叔齐与？"谓柳下惠、少连，"降志辱身矣，言中伦，行中虑，其斯而已矣"。谓虞仲、夷逸，"隐居放言，身中清，废中权"。"我则异于是，无可无不可。"

【译文】

有德而不仕的人有：伯夷、叔齐、虞仲、夷逸、朱张、柳下惠、少连。孔子说："不贬抑自己的心志，不辱没自己的身份，伯夷、叔齐就是这样的吧？"孔子说柳下惠、少连，是"被迫贬抑自己的意志，辱没自己的身份，但说话符合道理人伦，行为符合自己的思考，他们能维持这种言行而不越界"。孔子说虞仲、夷逸，"他们隐居起来说话放纵，但能独善其身，符合清洁不染的人格标准；自废于社会，符合乱世需要变通的权变之道"。孔子又说："我却跟他们不同。我对他们，谈不上认同，也谈不上不认同。"

【补说】

天下无道，故有逸民。逸民都不同流合污，但境界有差异。孔子依境界之高低，把这几位逸民划为三个等次来分析。伯夷、叔齐最高，能保持本志；柳下惠、少连做不到"不降其志，不辱其身"，但言能符合正道，行不委曲自己；虞仲、夷逸言行不与社会合拍，但能品节清高、懂得权变。孔子是从肯定的角度评价逸民的，但他认为做逸民不是自己认同的选择，这就是"不可"；这些逸民的品节则皆有可取，这就是"无不可"。"其斯而已"的字面意思是"那就这样而止"，是说柳下惠和少连的言行止于"中伦""中虑"，即不会越过"中伦""中虑"的界限或范围。

子张第十九

1 子张曰:"士见危致命,见得思义,祭思敬,丧思哀,其可已矣。"

【译文】

子张说:"士遇见危险能献出自己的生命,看见有利可得能考虑是否正当,祭祀时能想到要保持肃敬,居丧时能想到内心哀痛,这就可以了。"

【补说】

"见危保命,见得思得",这是普遍的本能;"见危致命,见得思义",这是超越了本能。"见危致命,见得思义"是"义","祭思敬,丧思哀"是"礼"。

2 子夏之门人问交于子张。子张曰:"子夏云何?"对曰:"子夏曰'可者与之,其不可者拒之'。"子张曰:"异乎吾所闻:君子尊贤而容众,嘉善而矜不能。我之大贤与,于人何所不容?我之不贤与,人将拒我,如之何其拒人也?"

子夏的门徒问子张关于结交朋友的事。子张说："子夏是怎么说的？"子夏的门徒答道："子夏说，'可交的就和他交，不可交的就拒绝。'"子张说："这跟我所听到的不一样：君子既尊重贤人又能容纳众人，能够赞美善人又能同情能力不够的人。如果我非常贤明，那对于他人有什么不能容纳的呢？我如果不贤明，别人就会拒绝我，我又如何去拒绝别人呢？"

【补说】

子夏比较狭隘，子张非常宽容。子张与子夏各有道理，但子张的说法其实不尽符合孔子的教导，孔子说"无友不如己者"，且认为损友是不可交的。

3 子夏曰："虽小道，必有可观者焉。致远恐泥，是以君子不为也。"

【译文】

子夏说："即使那些各种技艺的小道，也一定有值得观察学习的地方。但君子为了达到远大目标而担心被小道束缚，因此他不会去做学习小道的事。"

【补说】

人生短暂，做事须有取舍。通过属于小道的农工医卜等各种技艺，也能验人事、辨物理，所以"必有可观者"。但子夏认为君子应致力于更高远宏伟的目标，小道会耽误大道。"泥"，束缚，阻滞，妨碍。

4 子夏曰："博学而笃志，切问而近思，仁在其中矣。"

【译文】

子夏说："一个人广泛地学习而使志虑趋于专一，围绕切近实际的事情提问和思考，'仁'就在他心中了。"

【补说】

在广博的学习之后走向精纯，然后才能做到心有所守，所以要"博学而笃志"；泛泛地提问和思考玄远的问题，就会劳而无功，所以要"切问而近思"。"博学而笃志，切问而近思"还只是思辨而不是力行，所以说"仁在其中"（仁在心里，尚未付诸实践）。"笃"，专一。

5 子夏曰："小人之过也必文。"

【译文】

子夏说："小人错了，一定会美化他的错误。"

【补说】

君子也会有过失，但能坦然面对自己的过失，所以说"君子之过也如日月之食焉"，是能够"人皆见之"的。小人不诚，所以错了必会加以掩饰和美化。

6 子夏曰："君子有三变：望之俨然，即之也温，听其言也厉。"

【译文】

子夏说："君子有三变：远看他的样子，觉得他庄重严肃；接近他，又觉得他温和可亲；听他说话，又会觉得他严格不苟。"

【补说】

"俨然"则不"温"，"温"则不"厉"，所以说"三变"。但"三变"不是君子在变，而是接触君子的人的感觉在变。"厉"，严格，精确。

7 子夏曰："君子信而后劳其民；未信，则以为厉己也。信而后谏；未信，则以为谤己也。"

【译文】

子夏说："君子取信于百姓之后才去役使百姓；若未取信于百姓就去役使他们，百姓就会认为那是在虐待他们。取得君主信任之后才去规劝；若未取得信任就去规劝，君主就会认为那是在诽谤他。"

【补说】

这个道理适用于跟人打交道的普遍情况。请人做事，给人劝告，都要先取得其信任才行。

8 子夏曰："大德不逾闲，小德出入可也。"

【译文】

子夏说："大节，不能越过界限；小节，有出入是可以的。"

【补说】

本章提出的是观察评价他人的问题。人无完人，大节无亏是最重要的，细枝末节就不必斤斤计较了。"大德"和"小德"，犹言大节、小节。"闲"，阑，木栏，指界限。

9 子夏曰："仕而优则学，学而优则仕。"

【译文】

子夏说："做官如果有富余的时间和精力就应去学习，学习如果有富余的时间和精力就应去做官。"

【补说】

"优"，饶，多，富余。"仕而优则学"，可以用学得的东西来帮助自己更好地做官；"学而优则仕"，可以用做官来检验自己学得的东西是否有用。

10 子贡曰："纣之不善，不如是之甚也。是以君子恶居下流，天下之恶皆归焉。"

【译文】

子贡说："商纣王的不善，并不像我们听说的这么严重。所以君子厌恶自己处在卑污的位置；如果处于卑污的位置，天下的坏名声都会聚集到他的身上。"

【补说】

子贡这番话很有道理。君子必须立身卓然；一个人如果处于众人以为卑污的位置，就有可能为一切恶行"背锅"。

尧曰第二十

1 子张问于孔子曰："何如斯可以从政矣？"子曰："尊五美，屏四恶，斯可以从政矣。"子张曰："何谓五美？"子曰："君子惠而不费，劳而不怨，欲而不贪，泰而不骄，威而不猛。"子张曰："何谓惠而不费？"子曰："因民之所利而利之，斯不亦惠而不费乎？择可劳而劳之，又谁怨？欲仁而得仁，又焉贪？君子无众寡，无小大，无敢慢，斯不亦泰而不骄乎？君子正其衣冠，尊其瞻视，俨然人望而畏之，斯不亦威而不猛乎？"子张曰："何谓四恶？"子曰："不教而杀，谓之虐；不戒视成，谓之暴；慢令致期，谓之贼；犹之与人也，出纳之吝，谓之有司。"

【译文】

子张问孔子说："怎样才可以从事政事呢？"孔子说："尊重五种美德，排除四种恶政，这就可以从事政事了。"子张问："什么叫五种美德？"孔子说："君子能给人恩惠而自己却无耗费，能辛苦他人而他人没有怨恨，自己有所欲求而不至于贪婪，内心安稳但对人不傲慢，虽然威严但不让人感到凶猛。"子张说："什么是'惠而不费'？"孔子说："顺应百姓自认为有利的事而使他们自行去谋利，这不就是给百姓恩惠而不必自己有耗费吗？选择能让百姓接受的辛苦事让他们去辛劳，他们又会怨恨谁？自己想要仁便得到了仁，又还有什么可贪的？君子对人不分人数多少，不分势力大小，都既无冒昧也无怠慢，这不就是内心安稳而不傲慢吗？君子端正自己的衣冠，眼中只看着值得尊崇的人或事，庄重严肃，使人望着他就心生敬畏，这不也就是威严而不凶猛吗？"子张问："什么叫四种恶政？"孔子说："不教化民众便加以杀戮，叫作'虐'；不给过程中的告诫而只看成功的结果，叫作'暴'；先轻忽指令而后强求规定期限达成目标，叫作'贼'；像发放财物给人这种事去插手却出手吝啬，这是妨碍'有司'。"

【补说】

翻译中有几个难点。"敢慢"，冒昧和怠慢。"敢"，大胆，冒昧。"尊其瞻视"，使其瞻视尊，即不关注那些卑下的人或事而只关注值得尊崇的人或事。"慢令致期，谓之贼"，做官的人自己不及时发出指令而导致进度缓慢，后面又要求做事的人克期完成，这就是残害了做事的人。"犹之与人也，出纳之吝，谓之有司"，是说分发财物是"有司（有关部门）"该按规定去做的事而不是为官者自己应该插手的事，因舍不得官家财物而插手分配，这是一种恶政。"犹之"，如同，像。

2 孔子曰："不知命，无以为君子也；不知礼，无以立也；不知言，无以知人也。"

【译文】

孔子说："不懂得天命，就无法成为君子；不懂得礼仪，就无法立身于世；不懂得分辨话语，就无法了解他人。"

【补说】

这是《论语》终章，讲的是人生中的三大关键。"知命"，则见利不必趋，见害不必避；"知礼"，则手足有所措，言行能不妄；"知言"，则知人之品性，也可知人之才器。

第二部分
经典研讨课

本部分是对《论语》课程实施的举例说明。

包括四种课型：语义辨识课、资料梳理课、主题探讨课、拓展讨论课。

语义辨识课是用语文的方式来学习，要采用词义辨析、句意分析、资料整合与互参等方法来研读。

资料梳理课是把《论语》作为文献资料来学习。我主张读者根据自己的兴奋点来自设主题，依据主题来对资料加以归类梳理。

主题探讨课是对《论语》中相关范畴、命题的分析讨论，这是以对相关主题的资料梳理为基础的。

拓展讨论课是补充性课型，是阅读《论语》的相关研究文献并加以讨论，加深对《论语》的理解，为进一步研究《论语》做准备。

经典是博大丰富的，不同读者可从中汲取不同营养，因此，资料梳理和主题探讨，可根据自己的兴趣和需要，自主确立主题。不少《论语》研讨著作，多从仁、义、礼、智等价值，或从学习、修身、为政等事项这样的角度确立主题，这当然是有道理也有必要的，但我个人觉得不太有趣，所以我的课型示例对此有所回避。

以下为相关课型的举例说明。读者可举一反三，仿照示例创造出更多的课例来。

一、语义辨识课

《论语》文本古远，言简义丰，历来歧解甚多，且此书多处有编撰痕迹，有些话未必是孔子一时一地所说，而被编写在同一章之中，在理解之时容易造成误会，故须明辨。

语义辨识课的基本目标，是正确地或恰如其分地理解原典。这是研读原典阶段就应采用的课型。

语义辨识课示例 / **语义的辨析及方法**

《论语》旧注本之多，解释之歧异，他书罕能与匹。请逐一研读下列经典文句，回答相关问题。

1.子曰："学而时习之，不亦说乎？有朋自远方来，不亦乐乎？人不知而不愠，不亦君子乎？"

【问题】

（1）翻查《说文解字》，参阅相关资料，解释"学""习""朋"。

（2）请说明"习"和"温"两字的语义区别。据此进一步说明，"学而时习之"能否改为"学而时温之"，"温故而知新"能否改为"习故而知新"。

（3）如果根据语意连贯性原则，本章三句宜统一在"学习"这一核心话题之下。本书第一部分的译文，也就是遵从这一原则的结果。请根据语意连贯性原则，概述三句话之间的语义逻辑。

2.子曰："君子不重，则不威。学，则不固。主忠信。无友不如己者。过则勿惮改。"

【问题】

（1）请根据语意连贯性原则，尝试疏通本章五句话，找出这几句话之间的语义关联。

（2）一个人如果不庄重就很难具有威严，这是容易理解的。一个人如果不庄重，他的学习就一定会不巩固吗？

（3）假如把"无友不如己者"翻译为"不要和不如自己的人交朋友"，假如每个人都奉行这一原则，那么这世上将不会有朋友。孔子所讲的是这个意思吗？假如我们考虑到"友"与"朋"的词义区别，那么"不如己者"则可翻译为"跟自己不同类的人"，这样理解是否更为妥适？

3.子曰："吾十有五而志于学，三十而立，四十而不惑，五十而知天命，六十而耳顺，七十而从心所欲不逾矩。"

【问题】

（1）"耳顺"不能理解为"听得进意见"，因为这明显不符合我们的经验，一个人在很年轻的时候就完全可能听得进父母亲朋的意见。"耳顺"也不是指"听得进任何意见"，因为我们觉得不正确的意见是肯定不会听进去的，孔子当然也不会去认同他认为错误的那些意见。那么"耳顺"究竟是指什么？

（2）在孔子一生的认知发展历程中，"三十而立"显然是"十有五而志于学"和"四十而不惑"之间的一个阶段。"三十而立"该如何理解？

4.子曰："攻乎异端，斯害也已。"

【问题】

（1）请找出《论语》中所有"攻"字，据此推断本句中"攻"字的意思。

（2）本句通常被翻译为"攻击那些不正确的言论，祸害就可以消除了"。"异端"被解释为不正确的言论，有何不妥？

5.子贡曰："夫子之文章，可得而闻也；夫子之言性、与天道，不可得而闻也。"

【问题】

（1）查阅资料，解释"文章""闻""性""与"的意思。

（2）如果把"闻"解释为"听说"，那么子贡就不会知道孔子观念中是否有所谓"性"和"天道"，子贡也就根本不会说出这样的话来。如果把"闻"解释为"懂得"，则本句意思豁然贯通。请就一词多义的情况下如何取舍义项，谈谈你的感受，并就本章中的"与"字的释义，说明你的看法。

6.子夏曰："仕而优则学，学而优则仕。"

【问题】

（1）查阅资料，解释"仕""优"的意思。

（2）如果把"仕而优则学"翻译为"官做得很好了就去学习"，是否合理？为什么？

二、资料梳理课

　　《论语》全书，主要是语录的编集，主题比较分散。资料梳理是比较重要的基础性工作，我们可以围绕某个自己感兴趣的主题，比如，可以围绕"仁""义"等价值主题，或"论学习""论知识""论君子与小人""孔子的形象""孔门弟子的言行"等话题，进行资料的分类和梳理。

资料梳理课示例1　孔门四科

　　孔门四科中，以颜渊之好学，子路之好勇，子夏之文学，子贡之言辞最具代表性。以下是某读者梳理《论语》得出的表格，但这些资料并不充分，甚至有一些人物的资料尚告阙如。请帮助这位读者填充表格中未完成的部分，并根据这些资料撰写一篇短文，谈谈你对孔门弟子和孔门分科的认识。

科别	主要弟子	《论语》中的资料
德行	颜回	子曰："贤哉，回也！一箪食，一瓢饮，在陋巷，人不堪其忧，回也不改其乐。贤哉，回也！" 子曰："回也，其心三月不违仁，其余则日月至焉而已矣。"

科别	主要弟子	《论语》中的资料
德行	颜回	孔子对曰："有颜回者好学，不迁怒，不贰过。" 颜渊曰："愿无伐善，无施劳。" 子曰："回也非助我者也，于吾言无所不说。"
	闵损	
	冉雍	
	冉耕	伯牛有疾，子问之，自牖执其手。曰："亡之，命矣夫。斯人也而有斯疾也，斯人也而有斯疾也！"
言语	端木赐	子曰："赐不受命，而货殖焉，亿则屡中。" 子贡问曰："赐也何如？"子曰："女，器也。"曰："何器也？"曰："瑚琏也。" （《史记·仲尼弟子列传》："子贡一出，存鲁，乱齐，破吴，强晋而霸越。子贡一使，使势相破，十年之中，五国各有变。"）
	宰予	
政事	仲由	子路曰："愿车马衣轻裘，与朋友共，敝之而无憾。" 子曰："道不行，乘桴浮于海，从我者，其由与！"子路闻之喜。子曰："由也好勇过我，无所取材。" 子路曰："子行三军则谁与？"子曰："暴虎冯河，死而无悔者，吾不与也。必也临事而惧，好谋而成者也。" 子路有闻，未之能行，唯恐有闻。 子路问："闻斯行诸？"子曰："有父兄在，如之何其闻斯行之？"冉有问："闻斯行诸？"子曰："闻斯行之。"公西华曰："由也问'闻斯行诸'，子曰'有父兄在'；求也问'闻斯行诸'，子曰'闻斯行之'。赤也惑，敢问。"子曰："求也退，故进之；由也兼人，故退之。" 子曰："野哉由也！"

科别	主要弟子	《论语》中的资料
政事	仲由	子曰："由之瑟奚为于丘之门？"门人不敬子路。子曰："由也升堂矣，未入于室也。" （《史记·仲尼弟子列传》："子路性鄙，好勇力，性伉直；冠雄鸡，佩豭豚，陵暴孔子；孔子设礼稍诱子路，子路后儒服委质，因门人请为弟子。"）
	冉求	
文学	卜商	子谓子夏曰："女为君子儒，无为小人儒！" 子夏曰："贤贤易色，事父母能竭其力，事君能致其身，与朋友交，言而有信，虽曰未学，吾必谓之学矣。" 子贡问："师与商也孰贤？"子曰："师也过，商也不及。" （《史记·仲尼弟子列传》："孔子既殁，子夏居西河教授，为魏文侯师。其子死，哭之失明。"）
	冉耕	子之武城，闻弦歌之声。夫子莞尔而笑曰："割鸡焉用牛刀？"子游对曰："昔者偃也闻诸夫子曰：'君子学道则爱人，小人学道则易使也。'"子曰："二三子，偃之言是也，前言戏之耳。"

资料梳理课示例2　《论语》中的孔子

以下为某读者梳理《论语》得出的关于孔子的若干资料。在阅读这些资料和后面的补充资料（有删改）后，请撰写一份报告。报告必须有明确的观点，并有对《论语》中相关资料不低于10条的引用。请在下列任务中任选一项，按照要求完成。

1.根据你阅读《论语》的感受，写一份关于孔子的分析报告。这份报告可以是不带感情的学术性的，也可以是带有感情的散文式的。

2.孔子的言行看起来都是平易的，不神秘，为何他给弟子们留下的印象还如此崇高？请写一份分析报告来说明你对这个问题的看法。

自述	吾十有五而志于学，三十而立，四十而不惑，五十而知天命，六十而耳顺，七十而从心所欲不逾矩。 德之不修，学之不讲，闻义不能徙，不善不能改，是吾忧也。 发愤忘食，乐以忘忧，不知老之将至。 盖有不知而作之者，我无是也。多闻，择其善者而从之，多见而识之，知之次也。 若圣与仁，则吾岂敢！抑为之不厌，诲人不倦，则可谓云尔已矣。 饭疏食，饮水，曲肱而枕之，乐亦在其中矣。不义而富且贵，于我如浮云。 富而可求也，虽执鞭之士，吾亦为之。如不可求，从吾所好。 文莫，吾犹人也。躬行君子，则吾未之有得。 十室之邑，必有忠信如丘者焉，不如丘之好学也。 道不行，乘桴浮于海。 苟有用我者，期月而已可也，三年有成。 笃信好学，守死善道。危邦不入，乱邦不居。天下有道则见，无道则隐。
弟子眼中的孔子	譬之宫墙，赐之墙也及肩，窥见室家之好；夫子之墙数仞，不得其门而入，不见宗庙之美，百官之富。得其门者，或寡矣。 夫子之不可及也，犹天之不可阶而升也。 仲尼不可毁也！他人之贤者，丘陵也，犹可逾也；仲尼，日月也，无得而逾焉。人虽欲自绝，其何伤于日月乎？ 仰之弥高，钻之弥坚，瞻之在前，忽焉在后。夫子循循然善诱人，博我以文，约我以礼，欲罢不能。既竭吾才，如有所立卓尔。虽欲从之，末由也已。

孔子自然是幽默的。《论语》一书，很多他的幽默语，因为他脚踏实地，说很多入情入理的话。可惜前人理学气太厚，不曾懂得。

他十四年间，游于宋、卫、陈、蔡之间，不如意事，十居八九，总是泰然处之。他有伤世感时的话，在鲁国碰了季桓子、阳货这些人，想到晋国去，又去不成，到了黄河岸上，而有水哉水哉之叹。桓魋一类人，想要害他，孔子"桓魋（tuí）其如予何"的话虽然表示自信力甚强，总也是自得自适君子不忧不惧的一种气派。

为什么他在陈、蔡、汝、颍之间，住得特别久，我就不得而知了。他那安详自适的态度，最明显的例子，是在陈绝粮一段。门人都已出怨言了，孔子独弦歌不衰，不改那种安详幽默的态度。

他三次问门人："我们一班人，不三不四，非牛非虎，流落到这田地，为什么呢？"这是我所最爱的一段，也是使我们最佩服孔子的一段。有一次，孔子与门人相失于路上，后来有人在东门找到孔子，说他的相貌，并说他像一条"丧家犬"。孔子听见说："别的我不知道。至于像一条丧家狗，倒有点像。"

须知孔子是最近人情的，他是恭而安，威而不猛，并不是道貌岸然，冷酷酷拒人于千里之外。但是到了程朱诸宋儒的手中，孔子的面目就改了。以道学面孔论孔子，必失了孔子原来的面目。仿佛说，常人所为，圣人必不敢为。殊不知道学宋儒所不敢为，孔子偏偏敢为。如孺悲欲见孔子，孔子假托病不见，或使门房告诉来客说不在家。这也就够了。何以在孺悲犹在门口之时，故意取瑟而歌，使之闻之，这不是太恶作剧吗？这就是活泼泼的孔丘。

但这一节，道学家就难以解释。朱熹犹能了解，这是孔子深恶而痛绝乡愿的表示。到了崔东壁（述）便不行了。有人盛赞崔东壁的《洙泗考信录》。我读起来，就觉得赞道之心有余，而考证的标准太差。他以为这段必是后人所附会，圣人必不出此。这种看法，离了现代人传记文学的功夫，离得太远了。

《论语》一书，有很多孔子的人情味。要明白《论语》的意味，须先明白孔子对门人说的话，很多是燕居闲适的话、老实话、率真话、不打算对外人说的话、脱口而出的话、幽默自得的话，甚至开玩笑的话，及破口骂人的话。

总而言之，是孔子与门人私下对谈的实录。最可宝贵的，使我们复见孔子的真面目，就是这些半真半假、雍容自得的实录，由这些闲谈实录，可以想见孔子的真性格。

孔子对他门人，全无架子。不像程颐对哲宗讲学，还要执师生之礼那种臭架子。他一定要坐着讲。孔子说："你们两三位，以为我对你们有什么不好说的吗？我对你们再老实没有。我没有一件事不让你们两三位知道。那就是我。"这亲密的情形，就可想见。所以有一次他承认是说笑话而已。

孔子到武城，是他的门人子游当城宰。听见家家有念书弦诵的声音，夫子莞尔而笑说："割鸡焉用牛刀。"子游驳他说，夫子所教是如此。"君子学道则爱人，小人学道则易使也。"孔子说："你们两三位听着，阿偃是对的。我刚才说的，是和他开玩笑而已。"（"前言戏之耳。"）

有许多《论语》读者，未能体会这种语调。必须先明白他们师生闲谈的语调，读去才有意思。

"御乎射乎？"章——有人批评孔子说"孔子真伟大，博学而无所专长"。孔子听见这话说："教我专长什么？专骑马呢？或专射箭呢？还是专骑马好。"这话真是幽默的口气。我们也只好用幽默假痴假呆的口气读他。这哪里是正经话？或以为圣人这话未免煞风景。但是孔子幽默口气，你当真，煞风景的是你，不是孔夫子。

"其然，岂其然乎？"章——这种重叠，是《论语》写会话的笔法。

"赐也，非尔所及也"章——子贡很会说话。他说："我不要人家怎样待我，我就不这样待人。"孔子说："阿赐，（你说得好容易）我看你做不到。"这又是何等熟人口中的语气。

"群居终日"章——孔子说："有些人一天聚在一起，不说一句正经话，又好行小恩惠——真难为他们。""难矣哉"是说亏得他们做得出来。朱熹误解为"将有患难"，就是不懂这"亏得他们"的闲谈语调。因为还有一条，也是一样语调，也是用"难矣哉"，更清楚。"一天吃饱饭，什么也不用心。真亏得他们。不是还可以下棋吗？下棋用心思，总比那样无所用心好。"

幽默是这样的，自自然然，在静室对至友闲谈，一点不肯装腔作势。这是孔子的《论语》。有一次，他说，"我总应该找个差事做。吾岂能像一个墙上葫芦，挂着不吃饭？"有一次他说："出卖啊！出卖啊！我等着有人来买我。"（"沽之哉，沽哉，我待贾者也。"）意思在求贤君能用他，话却不择言而出，不是预备给人听的。但在熟友闲谈中，不至于误会。

孔子骂人也真不少。今之从政者何如，孔子说："噫，斗筲之人，何足算也！""斗筲"是盛米器，就是说："那些饭桶，算什么！"骂原壤"老而不死是为贼"。骂了不足，还举起棍子，打那蹲在地上的原壤的腿。骂冉求"非吾徒也。小子鸣鼓而攻之，可也"。

真真不客气，对门人表示他非常生气，不赞成冉求替季氏聚敛。"由也不得其死然"，骂子路不得好死。这些都是例子。

孔子真正属于机警（Wit）的话，平常读者不注意。最好的，我想是见于《孔子家语》一段。子贡问死者有知乎。孔子说："等你死了，就知道。"这句话，比答子路"未知生，焉知死"，更属于机警一类。

"一个人不对自己说，怎么办？怎么办？我对这种人，真不知道怎么办。"（"不曰如之何，如之何者，吾未如之何也已矣。"）"知之为知之，不知为不知，是知也。"也是这一类。"过而不改，是谓过矣。"相同。"不患人之不己知，求为可知也。"——这句话非常好，就在"知"字做文章，所以为机警动人的句子。

总而言之，孔子是个通人，随口应对，都有道理。他脚踏实地，而又出以平淡浅近之语。……好在他脚踏实地，所以常有幽默的成分在其口语中。美国大文豪Carl Van Doren对我说，他最欣赏孔子一句话，就是季文子三思而后行，孔子说："再，斯可矣。"这真正是自然流露的幽默。有点煞风景，想来却是实话。

补充资料2
周国平《孔子的洒脱》

我喜欢读闲书，即使是正经书，也不妨当闲书读。譬如说《论语》，林语堂把它当作孔子的闲谈读，读出了许多幽默，这种读法就很对我的胃口。近来我也闲翻这部圣人之言，发现孔子乃是一个相当洒脱的人。

在我的印象中，儒家文化一重事功，二重人伦，是一种很入世的文化。然而，作为儒家始祖的孔子，其实对于功利的态度颇为淡泊，对于伦理的态度又颇为灵活。这两个方面，可以用两句话来代表，便是"君子不器"和"君子不仁"。

孔子是一个读书人。一般读书人寒窗苦读，心中都悬着一个目标，就是有朝一日成器，即成为某方面的专门家，好在社会上混一个稳定的职业。说一个人不成器，就等于是说他没出息，这是很忌讳的。孔子却坦然说，一个真正的人本来就是不成器的。也确实有人讥他博学而无所专长，他听了自嘲说，那么我就以赶马车为专长罢。

其实，孔子对于读书有他自己的看法。他主张读书要从兴趣出发，不赞成为求知而求知的纯学术态度（"知之者不如好之者，好之者不如乐之者"）。他还主张读书是为了完善自己，鄙夷那种沽名钓誉的庸俗文人（"古之学者为己，今之学者为人"）。他一再强调，一个人重要的是要有真才实学，而无须在乎外在名声和遭遇，类似于"不患莫己知，求为可知也"这样的话，《论语》中至少重复了四次。

"君子不器"这句话不仅说出了孔子的治学观，也说出了他的人生观。有一回，孔子和他的四个学生聊天，让他们谈谈自己的志向。其中三人分别表示想做军事家、经济家和外交家。唯有曾点说，他的理想是暮春三月，轻装出发，约了若干大小朋友，到河里游泳，在林下乘凉，一路唱歌回来。孔子听罢，喟然叹曰："我和曾点想的一样。"圣人的这一叹，活泼泼地叹出了他的未染的性灵，使得两千年后一位最重性灵的文论家大受感动，竟改名"圣叹"，以志纪念。人生在世，何必成个什么器，做个什么家呢，只要活得悠闲自在，岂非胜似一切？

学界大抵认为"仁"是孔子思想的核心，至于什么是"仁"，众说不一，但都不出伦理道德的范围。孔子重人伦是一个事实，不过他到底是一个聪明人，而一个人只要足够聪明，就决不会看不透一切伦理规范的相对性质，所以，"君子而不仁者有矣夫"这句话竟出自孔子之口，他不把"仁"看作理想人格的必备条件，也就不足怪了。有人把"仁"归结为"忠恕"二字，其实孔子决不主张愚忠和滥恕。他总是区别对待"邦有道"和"邦无道"两种情况，"邦无道"之时，能逃就逃（"乘桴浮于海"），逃不了则少说话为好（"言孙"），会装傻更妙（"愚不可及"这个成语出自《论语》，其本义不是形容愚蠢透顶，而是孔子夸奖某人装傻装得高明极顶的话，相当于郑板桥说的"难得糊涂"）。他也不像基督那样，当你的左脸挨打时，要你把右脸也送上去。有人问他该不该"以德报怨"，他反问：那么用什么来报德呢？然后说，应该是用公正回报怨仇，用恩德回报恩德。

　　孔子实在是一个非常通情达理的人，他有常识，知分寸，丝毫没有偏执和狂妄。"信"是他亲自规定的"仁"的内涵之一，然而他明明说"言必信，行必果"乃是僵化小人的行径（"硁硁然小人哉"）。要害是那两个"必"字，毫无变通的余地，把这位老先生惹火了。他还反对遇事过分谨慎。我们常说"三思而后行"，这句话也出自《论语》，只是孔子并不赞成，他说"再思"就可以了。

　　也许孔子还有不洒脱的地方，我举的只是一面。有一面毕竟是令人高兴的，它使我可以放心承认孔子是一位够格的哲学家了，因为哲学家就是有智慧的人，而有智慧的人怎么会一点不洒脱呢？

　　痴人有多种，或因情深而痴，或因智浅而痴，孔子属于前者，而他的很多徒子徒孙，如宋明之际的理学家们，就属于后者了，新儒家们当更是等而下之。因情而痴的孔子常常沉湎在过去的怀想之中，"郁郁乎文哉！吾从周！""逝者如斯夫！"这时，他是一位抒情者，抒得很动情，很感人。在一个抽象的、冷酷的、沉闷的老子之后，出现一个一往情深、感怀万端的孔子，使我们再次感受到一种温软，一种熨帖，这实在是让我们大大舒了一口气，历史终于在绝望中咧口而哭出了声，一些可怕的心理能量在孔子的歌哭、幽默、感喟中被释放了。孔子使一些无序的暴力变成了有目的有方向的努力与企望，他使大卜英雄入于他的彀中，并带着这些社会精英致力于建构新的理想。当混乱的历史有了理想与方向时，混乱就不再是一无是处，相反，倒往往显示出一种蓬蓬勃勃、生机无穷的魅力。

　　春秋战国时代是一个刀光剑影的时代，一个流血漂卤的时代，一个杀人盈城、杀人盈野的时代，但它不也是一个充满理想，充满激情，充满公理仁德的时代吗？谁开辟了这样的时代？是孔子。非常具有象征意义的是，当孔子和弟子们周游列国的时候，他往往自己驾车——他确实是在驾着这个时代的马车。弟子们在车上或呼呼大睡或哈欠连天，一脸凄迷与怀疑，只有他永远目光炯炯，自信目标就在前方。

　　有一次，在一条汤汤而流的小河边他们又找不到渡口了。远处的水田中有两人在耕作，子路便上前去打问。其中的一个细长个子却不回答子路的询问，而是反问子路：

"那个执缰绳的人是谁？"

子路恭敬地回答："是孔丘。"

"是鲁国的那个孔丘吗？"——可见孔子的知名度颇高。

子路答："是。"这个细高个冷冷的就来了一句："既然是鲁国的那个孔丘，他应该知道渡口在哪里嘛。"

没奈何，子路只能按捺住火气，转过身去问另一位。这一位是个大块头。大块头也反问子路："你是谁？"

子路仍然是恭敬地回答："我是仲由。"

"你是孔丘的门徒吗？"

"是。"

现在又轮到大块头来教训子路了："天下混乱，举世皆然。谁能改变这种局面？我看你身体强壮，是个好庄稼汉。与其跟随孔子这样的避人之士东奔西走，鼓唇摇舌，倒不如跟随我们这些避世之士，躬耕垄亩的好！"

子路只好垂头丧气地回来向孔子汇报。孔子听完，不尽的迷惘。谁说这两位隐士说得不对呢？这不也是孔子自己内心中常有的感触吗？他感慨万端："人总不能与鸟兽一起生活在山林之中啊，我不和芸芸众生生活在一起，与他们共享欢乐共担不幸，我又能和谁生活在一起呢？他们说天下无道，但不正因为天下混乱无道，才需要我们去承担责任吗？假如天下有道，还需要我们吗？"

《论语》中的这一段，很传神，两千多年了，那条汤汤小河边发生的这场争论就好像发生在昨天似的。这几个人好像还在我们身边。我尤其为孔子感动。"志于道"的人越来越少了。望望眼前，路漫漫其修远兮；看看身后，追随者渐渐寥落。"道不行，乘桴浮于海，从我者，其由与！"这位可敬可叹的老人，想凭自己个人的德行与魅力来聚集一批年轻人，让他们传道义之火，文化之火；拯民于水火，匡世于既颠，但年轻人不容易经受得了各种诱惑，"吾未见好德如好色者""吾未见刚者""吾未见好仁者，恶不仁者""未闻好学者"。这些话不也把他的三千弟子甚至七十二贤者都包括在内了吗？要让这些弟子们"无欲而刚""好德如好色"都不可能，更何况别人？韩非就曾刻薄尖酸地揶揄孔子，说凭着孔子那么巨大的个人德行，不就只有七十子之徒跟随他么？而下等君主鲁哀公却能让一国人都服从他，孔子本人也不得不向鲁哀公臣服。所以，人是多么容易向权势屈服，而向慕仁义的人是多么少啊。孔子此时的处境，真是令人同情。

但他更让我们尊敬的，是他的那种"知其不可而为之"的殉道精神。"三军可夺帅也，匹夫不可夺志也"，这位衰弱的老人却在那里一意孤行！我很喜欢"一意孤行"这个词，很喜欢这个词所指称的那种性情与人格。敢于一意孤行的人必有大精神，大人格。一位楚地的狂生曾经警告过孔子："往者不可谏，来者犹可追。已而已而，今之从政者殆而！"但不能因为政治危险，就置天下苍生于不顾，听任他们受暴政的煎熬，置自己的伦理责任于不顾！"政者，正也"——政治，就是对暴政的矫正！就是正义！所以孔子庄严宣告："志士仁人，无求生以害仁，有杀身以成仁。"虽然他也说过"危邦不入，乱邦不居，天下有道则见，无道则隐"之类的话；虽然他也称赞蘧（qú）伯玉"邦有道则仕，邦无道则可卷而怀之"，宁武子"邦有道则知，邦无道则愚"，并慨叹"其知可及也，其愚不可及也"——但他对自己，却有更高的要求，那就是"邦有道，如矢；邦无道，如矢"，永远如射出的箭一样正道直行，永不回头。

自魏晋以后，中国的文化传统中，就有了一种极古怪的现象，那就是人格理想与伦理责任的分离。最受人敬仰的人格乃是那些在天下苦难面前卷而怀之，闭目养神的隐君子！难道我们不应该要求知识分子有起码的价值关怀吗？但我们却偏偏认为他们是涵养最高，道德最纯洁的人！这种目不关注人间苦难、耳不听弱者呻吟的人物，不就是饭桶酒囊茶壶甚至权势的尿壶么？在孔子那里，在他的学说之中，那种古典的崇高确实让我们这些聪明机灵的后来人愈显扁平而单薄。

　　孔子的哲学核心是"仁"。在《论语》中，"仁"以不同的面目，在不同的背景下出现，这恰恰说明了"仁"内涵的丰富。樊迟问"仁"，孔子答曰"爱人"；颜回问"仁"，孔子答曰"克己"；曾子概括说，"夫子之道，忠恕而已"。朱熹解释说，尽自己的力量去办事叫忠，推己及人叫恕。这样看来，孔子的"仁"，也就是从人我双方立论，相当于我们今天常说的"人类共存意识"吧。"仁"的内涵里，主要的两方面就是"忠"和"恕"。有了这个"忠"，就会有足够的自我约束；有了这个"恕"，就会有足够的对别人的宽容。孟子后来讲"仁"，就不大讲"恕"了，这就一步一步走向专制。孟子就没有孔子可爱。孔子的一生，倡导"仁"，实践"仁"，修自身为"仁"，又要改造社会政治为"仁"。修自身成"仁"，他是做到了；改造社会政治为"仁"，他失败了。但他"颠沛必于是，造次必于是"，何曾有一丝一毫的媚俗之态！他正大光明，磊磊落落，他一意孤行，坦坦荡荡。他亦知道改造社会是不可能的，但他"知其不可而为之"，关键在于做！他肯定已经意识到了他在未来的影响，所以他要用自己的行为树立一个榜样，使后世一切以各种借口逃避伦理责任的行为无所遁形。他已经在知其不可的情形下做了，而且做得如此艰苦，如此卓绝，如此寂寞，又如此轰轰烈烈，如此失败，又如此辉煌灿烂。因失败而辉煌，我以为这是古典悲剧的基本定律，不失败何以感人心？不辉煌何以长人志？但这失败必须是大失败，必须是必然的失败，是自由在逻辑面前的失败，是个人意志在历史规律面前的失败，而且必须是主人公已经预知的失败。他已经预先知道结局了，但高傲的心性使他无法改变自己人生的方向。在古典悲剧中，生命的投入是人格成就的最后一道工序，如干将莫邪之铸剑，最后必以自身的血肉之躯投入熔炉，用自己的血光赋予宝剑以阳刚杀气。孔子的"得其真传"的弟子曾参，有一段话："士不可以不弘毅，任重而道远。仁以为己任，不亦重乎？死而后已，不亦远乎？"我无法不为这句话而感动。

孔子晚年，倦于奔波。孔子老了，病了，不能再奔波了，况且奔波又有什么收获呢？于是，在离开鲁国十四年之后，靠弟子冉求的疏通，又回到了鲁国故乡。此时孔子已是知命了，不说心如死灰，但心如止水却是必然的。鲁君无意用他，他也懒洋洋的不求用了。这时，外面的世界更混乱了，乱臣贼子们活得更神气了，但也令他更无奈了。宝剑折断，铩羽而归，他还能做些什么呢？他打开了竹简。这是一个有世界意义的举动。孔子现实政治活动的失败，却使世界从此有了一个伟大文化的源头。这活力绵绵不绝的文化之源，浩浩荡荡，渐远渐无穷，使整个东方世界都浸润其中。他埋头于古代典籍的整理；在被自己的时代拒绝之后，他成功地通过文化符号进入了未来的世纪。

据司马迁的记载，"六经"都是经他手订的。也正因了他的手，这些积满时光尘土的古典才成为"经"，而为后世不断地钻研，又在这不断的琢磨中发出历久弥新的光芒。那本"饥者歌其食，劳者歌其事"的三百零五首"诗"，记录着那么遥远时代的真切的痛苦，更是因为他的手订，由愚夫愚妇引车卖浆者流的歌吟一跃而成为六经之首。他和子夏讨论过"巧笑倩兮，美目盼兮"；他和子贡讨论过"如切如磋，如琢如磨"；他说"不学《诗》，无以言"，他还说"诗，可以怨"！他不仅是一位庄严谨恪的人，还是一位情感丰富的人。因此，他不仅要求人类要有道德，就是对人类的情感——包括对人性的弱点，他也有那么多善意的回护与爱惜！他要人们好德，但也不反对人们好色，"国风好色而不淫"，不过分，就行了嘛。

文学是人学，文学就是人性的表现。不能对人性的优点有极崇高的敬意，对人性的弱点有极宽厚的怜悯，是不可能理解文学的。由于孔子丰富的文学情怀，他把人格修养的最高境界理解为一种自由的艺术境界，而不是严谨的道德境界。孔子在道德的熔炉里冶炼自己，而最后出炉的结果却大出我们意料：他熔炼出的不是森森剑戟，而是更加的幽默生动。你看他："闻《韶》，三月不知肉味"，这时他能是一位皱着眉头板着面孔不苟言笑的人么？即便在围困之中，他也是每日"弦歌不衰"。

我们今天已经不能再聆听孔子弦歌过的音乐了，"此曲只应天上有，人间哪得几回闻"。但那古老而简朴的文字仍留传下来，那远古时代活生生个体的欢乐与哀伤，希望与失望，怨愤与爱慕……仍然如此鲜活。

我是被《诗经》感动了。最幸福的时候就是被感动的时候。谁能说当孔子对这三百零五首诗逐一弦歌时，他不也是感怀万端呢？"四方有羡，我独居忧。民莫不逸，我独不敢休。"这样的句子，如此贴切他忧患人生的情怀，如此真切地反映他奔波为天下的辛苦，他能不感慨吗？而那一位走过周朝旧都、面对废墟上的野黍而"中心摇摇"悲不自禁的诗人，不更是他的同调吗？面对伟大朝代的文化废墟，他不更是忧患满怀吗？"知我者谓我心忧，不知我者谓我何求。悠悠苍天，此何人哉？"是啊，孔子，他是一位什么样的人呢？

三、主题探讨课

经典阅读，主题探讨是必要的，主题探讨课是接受经典教益的关键课程。

主题探讨课须注意以下三个方面：

1.探究圣哲精神的深度与广度

作为圣哲的孔子并非神明，他是人类中精神最为深刻和博大的人之一。孔子能以一介平民而上升为人类典范，乃是因其精神的深广度达到了足以塑造一种文化的程度。孔子十分睿智，而《论语》十分精约。"精"是智慧深刻性的发露，"约"是世界复杂性的统合。故读《论语》，必细读精研，以求贯通其深与广。

2.阅读与参省相结合，要联系人生加以体会

人生总是存在困惑的。孔子立足于人性和社会，发现了人类在世的基本任务，建构了完成人生的一般性方法。孔子自身即证明了人生可以自我提升、自我圆满。故《论语》中仁爱正直的人生态度，不断学习的向上精神，为人处世的原则方法，应读出来作为人生的借鉴。

纸面上的道理不是道理。心里的道理才有真实效用。书本的意义必须切己，切己才能称为"有意义"。要把《论语》的章句意义与自我的人生体验结合起来，使经典阅读成为一种"生命的阅读"，而不只是对纸面文本的理解。要借《论语》来熏陶和反省，追求心灵意识的转化。探讨时要反省，让圣贤的道理渗润，让自家的身心柔和。

3.不求面面俱到，依据兴趣和需要来确立主题

经典常常是需要一生来阅读和消化的，《论语》就是。对经典的学习，不需要也做不到一次性完成，因而我们可根据自己当前的兴趣和需要，确立探讨的主题。例如，假设你当前对交友之事感到困惑，你就可以此为主题；你对孔子的历史地位感兴趣，就可以探讨《论语》中的思想何以会影响后世远超诸子。总之你应发现你很想探究的主题，这样你才有真正走进经典的机会。

小课题示例　对管仲的评论

在《论语》中，孔子对管仲有数处评价。研究这些评价资料，可看出孔子如何评价一个人，推测出他的判断标准。

1.子曰："管仲之器小哉！"或曰："管仲俭乎？"曰："管氏有三归，官事不摄，焉得俭？""然则管仲知礼乎？"曰："邦君树塞门，管氏亦树塞门；邦君为两君之好有反坫，管氏亦有反坫。管氏而知礼，孰不知礼？"

【译文】

孔子说："管仲这个人的器量真是狭小呀！"有人说："管仲节俭吗？"孔子说："他有三处豪华的藏金府库，他家里的管事也是一人一职而不兼任，怎么谈得上节俭呢？"又问："那么管仲知礼吗？"孔子回答："国君大门口设立照壁，管仲在大门口也设立照壁。国君同别国国君举行友好会见时在堂上有放空酒杯的设备，管仲也有这样的设备。如果说管仲知礼，那么还有谁不知礼呢？"

2.或问子产。子曰："惠人也。"问子西。曰："彼哉！彼哉！"问管仲。曰："人也。夺伯氏骈邑三百，饭疏食，没齿无怨言。"

【译文】

有人问子产是个怎样的人。孔子说："是个能惠及于人的人。"又问子西。孔子说："他呀！他呀！"又问管仲。孔子说："这是一个人物。他把伯氏骈邑的三百家夺走，使伯氏吃粗茶淡饭，直到老死也没有怨言。"

3.子路曰："桓公杀公子纠，召忽死之，管仲不死。"曰："未仁乎？"子曰："桓公九合诸侯不以兵车，管仲之力也。如其仁，如其仁。"

【译文】

子路说："齐桓公在争位时杀死了公子纠，同为公子纠的家臣，召忽自杀但管仲却没有自杀（且后来反而归服于齐桓公）。管仲不是仁人吧？"孔子说："桓公多次召集各诸侯会盟而不使用武力，这是管仲的功劳啊。这就是他近于仁的地方，这就是他近于仁的地方。"

4.子贡曰："管仲非仁者与？桓公杀公子纠，不能死，又相之。"子曰："管仲相桓公，霸诸侯，一匡天下，民到于今受其

149

赐。微管仲，吾其被发左衽矣。岂若匹夫匹妇之为谅也，自经于沟渎而莫之知也？"

【译文】

子贡问："管仲不是仁人吧？桓公杀了公子纠，他不能为公子纠牺牲，反而又辅佐齐桓公。"孔子说："管仲辅佐桓公，称霸诸侯，匡正天下，百姓到今天还享受他的恩惠。如果没有管仲，恐怕我们会像夷狄那样披头散发，衣襟左开了。管仲怎能像凡夫俗子那样恪守小节，在小山沟里自杀而无人知道呢？"

【思考探究】

（1）孔子说："管仲之器小哉！"显然不是在个人能力的意义上讲的，而是在道德（"俭"和"礼"）的意义上讲的。请解释"器小"所指是什么。

（2）管仲具有高超的手段，"夺伯氏骈邑三百，饭疏食"，但伯氏"没齿无怨言"。子产是能够推恩于人的人，似乎符合"仁者爱人"的含义；而管仲的做法，则似乎不合于"己所不欲，勿施于人"的准则。你认为这是否意味着在孔子看来管仲不如子产？

（3）在《论语》中，除传说中的古帝王外，孔子不轻许一人为"仁"；子路、子贡问管仲是否"仁"，孔子都没有直接回答。

①孔子在对话中谈及管仲哪些有益于百姓的功德？

②"仁者爱人"，要有"爱人"之心是"仁"的前提。而要实现最大范围的"爱人"，让百姓都受惠，不通过政治实践几乎是不可能实现的。孔子并未提及管仲有"爱人"之心，但拒绝视管仲为"不仁"，是不是意味着让人实际受惠比发心爱人更重要？或者，"爱

人"只是"仁"的内涵之一，"仁"之中还必须包括道德情感以外的能力？

③孔子说管仲"器小"，"俭"和"礼"均有缺失，但他认为管仲没有为公子纠牺牲的不忠只是小节，否认管仲"不仁"。这是否意味着"仁"的价值与"俭""礼""忠"并不是完全一致的？

（4）几则材料中，孔子对管仲的褒贬态度都有所区别。这表示孔子对人的评价方式是就事论事、实事求是，还是他的评价根本没有一以贯之的原则？

主题探讨课示例1　有价值的知识与知识的层级

要知道需要学什么，首先要知道什么不能学，什么不必学。这也是有所为、有所不为的道理。《论语》中孔子就怎样的知识对于我们更有价值、各种知识之间的层级提出了若干思考。请阅读下面的资料并回答相关问题。

1．子曰："君子不器。"

【译文】

孔子说："君子不能像器具，他还应该有思想，有对'道'的追求。"

【思考】

（1）人是工具，还是目的？

（2）请从人作为精神性存在的角度，说明你对"君子不器"的理解。

2. （1）子谓子夏曰：“女为君子儒，无为小人儒。”

【译文】
孔子对子夏说：“你要做君子儒，不要做小人儒。”

（2）子夏曰：“虽小道，必有可观者焉。致远恐泥，是以君子不为也。”

【译文】
子夏说：“即使那些各种技艺的小道，也一定有值得观察学习的地方。但君子为了达到远大目标而担心被小道束缚，因此他不会去做学习小道的事。”

【思考】
（1）孔子对子夏的教导与子夏的这番话，在意涵上有无共通的地方？

（2）“女为君子儒，无为小人儒”显然不能等于“女为君子，无为小人”，那么“君子儒”和“小人儒”各是什么？

3. （1）樊迟请学稼。子曰：“吾不如老农。”请学为圃。曰：“吾不如老圃。”樊迟出。子曰：“小人哉，樊须也！上好礼，则民莫敢不敬；上好义，则民莫敢不服；上好信，则民莫敢不用情。夫如是，则四方之民襁负其子而至矣，焉用稼？”

【译文】

樊迟请教如何种庄稼。孔子说："我不如老农。"樊迟又请教如何种菜。孔子说："我不如老菜农。"樊迟退出。孔子说："樊迟真是小人啊。在上位者重视礼，老百姓就没有人敢不敬重他；在上位者重视义，老百姓就没有人敢不服从他；在上位者重视信，老百姓就没有人敢不真心对待他。像这样的话，各地老百姓就会背着他们的小孩来投奔，哪里用得着去做种庄稼这样的事呢？"

（2）南宫适问于孔子曰："羿善射，奡荡舟，俱不得其死然。禹稷躬稼而有天下。"夫子不答。南宫适出，子曰："君子哉若人！尚德哉若人！"

【译文】

南宫适问孔子说："羿善于射箭，奡力气很大能推船而行，他们都死于非命。禹和稷都亲自种植庄稼，却拥有了天下。"孔子不回应。南宫适出去后，孔子说："这个人是君子啊！这个人尊崇道德啊！"

【思考】

（1）樊迟请教如何种庄稼，被孔子痛斥；禹和稷都亲自种植庄稼，却得到孔子赞扬。为什么？

（2）种庄稼、种菜，难道不需要知识吗？为什么孔子反对呢？

（3）知识分子的重要使命是什么？对一个知识分子来说，亲自种庄稼有何不妥？

4. 太宰问于子贡曰："夫子圣者与？何其多能也？"子贡曰："固天纵之将圣，又多能也。"子闻之，曰："太宰知我乎？吾少也贱，故多能鄙事。君子多乎哉？不多也。"

【译文】

太宰问子贡说："孔夫子是位圣人吧？为什么这样多才多艺呢？"子贡说："本是上天使他成为圣人，而且使他多才多艺。"孔子听到后，说："太宰了解我吗？我少年时地位卑微，所以会许多卑贱的技艺。君子会有很多这样的技艺吗？不会多的。"

【思考】

"君子多乎哉？不多也"这句话中，包含着孔子怎样的知识观？

5. 子曰："吾有知乎哉？无知也。有鄙夫问于我，空空如也。我叩其两端而竭焉。"

【译文】

孔子说："我有智慧吗？我没有什么智慧。有浅陋之徒向我提问，我心头空荡荡的啥也不知道。对于一个事物，我从它的两端或两面去探求，直到达到我所能了解的极限。"

【思考】

（1）孔子为什么认为自己"无知"？在这个语境中，"无知"的含义是什么？

（2）"叩其两端而竭"是孔子关于求知的方法论。请对此简要说明。

6. （1）孔子曰："君子有九思：视思明，听思聪，色思温，貌思恭，言思忠，事思敬，疑思问，忿思难，见得思义。"

【译文】

孔子说："君子有九点须想到的：看，要想到是否看明白了；听，要想到是否听清楚了；自己的脸色，要想到是否温和；自己的容貌态度，要想到是否谦恭；说话，要想到是否诚心；办事，要想到是否慎重；有疑惑，要想到是否询问他人；发怒时，要想到是否有后患；发现有获利的机会时，要想到是否正当。"

（2）季路问事鬼神。子曰："未能事人，焉能事鬼？"曰："敢问死。"曰："未知生，焉知死？"

【译文】

季路问关于侍奉鬼神的问题。孔子说："人都没能侍奉好，怎能去侍奉鬼呢？"季路说："斗胆请问死是怎么回事？"孔子说："你连怎么活都没搞明白，为什么要去了解死呢？"

【思考】

（1）以上资料是否意味着孔子的知识都是经验的或实践性的？
（2）孔子自述"五十而知天命"，又说"不知命，无以为君子也"，这是代表着他具备了关于形而上的知识，还是仅仅意味着他具有对形而上的"命"或"天命"的信仰？我们能够真正拥有形而上的知识吗？

主题探讨课示例2　美：观念与表现

我们都希望自己的生活是美的。孔子对美有怎样的认识，他如何把自己的生活过成一种美的生活，在《论语》中可以窥见这些问题的答案。请阅读下面的资料，并按要求解答后面的问题，完成相关的任务。

一、美的观念

艺术之美及道德之善合一，生命表象及生命内涵美善相兼。

1.美与善的统一

子谓《韶》，"尽美矣，又尽善也"；谓《武》，"尽美矣，未尽善也"。

【解说】

孔子聆听韶乐"三月不知肉味"，可知韶乐的美是如何感动了他的心灵，他认为善与美相兼才是最高境界。但孔子并未否定美的意义和价值，而是从中看出美与善是有区别的。

里仁为美。择不处仁，焉得知？

【解说】

选择居住的地方必须考虑居民是否善良纯真，否则便是不美的。证明了孔子的美包含着善的观念，也就是美善的统一。

2.才能与修养兼备之谓美

如有周公之才之美，使骄且吝，其余不足观也已。

【解说】

周公是孔子十分崇拜的人物，可是即便有周公的才能，为人却骄傲奢侈，孔子认为这人就没有价值，是不美的。可知孔子认为人应才能与修养兼备，这种美便是人格美。

二、美的表现

美由人来彰显，表现于人格与生活。

1.人格美

质胜文则野，文胜质则史。文质彬彬，然后君子。

【解说】

既具有朴质之美的内在质地，又具有文化修养的外在表现，二者能达成高度的平衡。

兴于《诗》，立于礼，成于乐。

人的修养包括人格在内，需要经由诗、礼、乐三个阶段，以诗来兴发情志，再以礼来规范行为，最后以乐来圆成生命或生活。诗及乐代表带有真情的生活和艺术审美的生活。

2.生活美

人而不仁，如礼何？人而不仁，如乐何？

【解说】

生活美就是人的文化社会生活之美，人际关系或生活走向和谐有秩序的美。所谓的"礼"就是合宜，在进退俯仰、视听言行中表现出恭敬庄严的美感，这种美感同时必须是内在的"仁"的外显。

（1）衣

君子正其衣冠，尊其瞻视，俨然人望而畏之。

君子不以绀（gàn）緅（zōu）饰，红紫不以为亵服。当暑，袗（zhěn）绤（chī）绤（xì），必表而出之。缁衣，羔裘；素衣，麑（ní）裘；黄衣，狐裘。亵裘长，短右袂。必有寝衣，长一身有半。狐貉之厚以居。去丧，无所不佩。非帷裳，必杀之。羔裘、玄冠不以吊。吉月，必朝服而朝。

【解说】

服饰搭配可以表现端庄的仪容。衣着符合礼制的规定，配色颇有讲究，这也是一种服装美学。

（2）食

食不厌精，脍不厌细。……色恶不食，臭恶不食。失饪不食，不时不食。割不正不食，不得其酱不食。肉虽多，不使胜食气。唯酒无量，不及乱。

祭肉不出三日，出三日，不食之矣。

食不语，寝不言。

士志于道，而耻恶衣恶食者，未足与议也。

饭疏食，饮水，曲肱而枕之，乐亦在其中矣。

【解说】

食物可以给人带来愉悦。孔子非常讲究饮食，主要出于养生的考虑。如果因为条件不足而达不到食物精细的要求，他也能欣然接受，并且乐在其中。可见孔子的精神是超越了食欲的限制的。

（3）住

席不正，不坐。

【解说】

孔子衣食住行均强调端正，这可以视为一种日常的修身。

伯牛有疾，子问之，自牖执其手。

【解说】

这是对礼仪的讲究。据朱子注："礼，病者居北牖下。君视之，则迁于南牖下，使君得以南视已。时伯牛家以此礼尊孔子，孔子不敢当。故不入其室，而自牖执其手，盖与之永诀也。"

寝不尸，居不容。

子之燕居，申申如也，夭夭如也。

【解说】

睡姿不仰面而卧如同死人，家居不像在外那样庄重严肃，自在随意，舒畅安宁。

（4）行

见齐衰者，虽狎，必变。见冕者与瞽者，虽亵，必以貌。凶服者，式之。式负版者。

升车，必正立，执绥。车中，不内顾，不疾言，不亲指。

【解说】

孔子的行，也是依照礼的规范。

孔子处于礼乐崩坏的时代，一生试图恢复礼乐，并用自己的言行呈现美。他在日常生活中合宜地表达自己，呈现出秩序的美感。

3.神态气质

子温而厉，威而不猛，恭而安。

【解说】

这是描述孔子的气质神态具有中庸的特质，温和而不至于懦弱，威严而不至于让人有压迫感，恭敬而不至于有谄媚之态。这是有极高修养而显现出来的神态之美。

三、思考与探究题

1.你认为孔子生活中的各种讲究，会否构成一种负担？如果我们像孔子那样讲究可能会比较累，那么孔子是如何避免这种累的？

2.你认为美与善的区别在何处？孔子认为应该美善相兼，这如何才能够做到？

3."温而厉，威而不猛，恭而安"是三组各自矛盾的特质，这如何才能达成统一？你认为"温而厉，威而不猛，恭而安"在人际交往时能带来怎样的好处？

4.三达德、勇敢、君子与小人、中庸之道，如此等等，可能也是你感兴趣的主题。请选定一个主题，按照上文的方式，从《论语》中梳理出相关内容，并给出一定的诠释。

四、拓展讨论课

拓展讨论课是补充性课型，是为打算深入研究的读者准备的。

要找到合适的、有深刻理解的拓展讨论资料其实是比较困难的。《论语》的研究者甚多，相关研究文献浩如烟海，对于那些发心研究《论语》的读者来说，这需要长期的阅读积淀。

拓展讨论课更准确的名称是"参考资料拓展阅读讨论课"。在这种课型中，阅读只是一部分，阅读过程中的讨论才是更为重要的。

拓展阅读讨论课示例 / **对许炎初文章的讨论**

阅读相关研究资料，对开拓我们对经典的认知，深化和检视我们对《论语》的理解，具有很大的帮助。请阅读许炎初的文章《雅士培（Karl Jaspers）〈四大圣哲〉：对孔子观点的若干商榷》选段（有改动），并尝试回答置于资料中的相关问题。

1. 所谓"四大圣哲"

研读经典是我们文化的根基，而"圣哲"（Paradigmatic Individuals）则是经典与生命原型最高意义与终极价值的体现。圣哲之所以是一种"原型"与"轴心"，因为他们已经历经两千年以上、千万亿人的生命洗礼（所谓发现与再发现、体验与再体验），圣哲不但永保作为一个人的身份与完整经验，更已经变成代表人的一种原型本质与终极基础，这种本质与基础是绝对而完满的，也就是他们已经存在于一种无时间的层次，超越其短暂的个别显现。他们代表一种共相性质，并且具有独立存在与客观的实在。人的心灵可以通过"哲学"（广义地说）的最高训练与自我德性的千锤百炼合而为一，发现这些由圣哲所体现的原型本质与永恒共相。

四大圣哲是指：苏格拉底、佛陀、孔子、耶稣。作者雅士培是德国哲学家，他研究人类史上的杰出人物，认为这四位是人中之龙，足以为众人的表率。所谓"表率"就是以人性的潜德幽光、人格的淬砺提升以及自我的牺牲与超越，来昭示我们生命的意义何在。《四大圣哲》是从哲学的、理性的、人性的角度，说明四大圣哲如何使人生由卑微趋于高贵，由平凡走向卓越，以及人应该如何展现精神力量，寻求真正的幸福与完美。我每次翻阅，都有"虽不能至，心向往之"的感受。

【思考】

（1）阅读《论语》后，你是否有"虽不能至，心向往之"的感受？你所向往的主要是什么？你认为你自己终其一生，能否达到或部分达到？圣哲对于我们的主要意义，是模仿实践，还是引领激励？

（2）通过《论语》课程的学习，你所体会到的经典学习的主要价值是什么？

2. 历史知识应该用来引发与阐释一种对真实存在的感动经验

雅氏有意对圣哲采取尊重对文献所作的历史考证的态度，不希望掉入太多附会与传闻的绘声绘影之中，但他并不以此为足——他希望能建立兼顾以"信史"为基础，而又能蕴含深刻情感的"同情的理解"，也因此他反对基于"绝对史实"而无限制地"去芜存菁"，像布托曼（Rudolf Bultman）所主张的"剔除神话"，而希望能在大体可信的典籍中所蕴藏的"深刻情感"中接近圣哲的面貌。雅氏以下所说深具启发：

我们曾被他们的真实存在所感动。这并不表示主观的任意感受可以取代历史知识，而是表示历史知识应该用来阐释一种经验，没有这种经验的话，历史知识毫无意义可言。

【思考】

（1）阅读《论语》时，在某个或某些瞬间，你对孔子有过感动吗？分享你的感动经验。

（2）我们自己的某种经验，也应该能够通过某些历史知识或历史经验来阐释。我在《高考作文经典材料百变通》一书中强调过这种思想。请以孔子为例，说明你的某一经验或教训是契合圣贤的教导的。

3. 如何理解圣哲

雅氏于论孔子部分实有一"比较观"贯穿其中。他希望能凸显圣哲之间的不同之处，例如讨论孔子主张"自我约制，但非苦修禁欲"，例如对"祈祷"、对"启示"、对神是否为"人格神"的问题、世界是否为"恶"，例如认为孔子并未专务内省、没有宗教体验、神秘主义的经验等。又如后代将孔子视为神祇，则与孔子教诲"成为一个人"不合等等，就是来自与基督宗教的背景的比较。

雅氏并将自己的基本哲学观念放入他对圣哲的理解中。例如：

透过这些伟人，我们找到几种理想的重构方法，然后比较这些方法，设法在统一性中找出两极性。矛盾冲突愈大的地方，愈能显示人格的伟大。我们所考虑的是原始现象，而非渗入传统之中随着时间而扩充的歧见与偏见。这些歧见与偏见也当加以阐明：原始面目由此更见清晰，因为我们在其中发现它们之所以可能产生的根据。这样的探讨足以驳斥那些以歧见为原始面目的错误批评法。

然而我们必须牢记于心：任何形象皆不可能绝对真确；最主要的是，由于叙说这些形象过于容易，我们所采的诠释原则永远无法应用得十全十美。

此处显示他自己的圣哲观就深受耶稣与苏格拉底的影响：

苏格拉底所反映的是平静安详的心态，完全对死亡不予重视；耶稣则反映一种态度，让人类在极度患难与无法忍受的折磨中找到超越之基石。这些历史人物不断增长形象，到达神话原型的地位。

神话的永恒题材存在即是受苦，人生活动即是痛苦之克服，然而一切伟大的活动皆注定了失败的命运体现于苏格拉底与耶稣身上。在一切圣哲之中，这两人尤其震撼人心与提升人格：苏格拉底是一位在现世失败的哲学家，耶稣则是一位根本不能活在现世、只能与上帝保持联系的人。苏格拉底与耶稣在俗世权威手中受刑而死；佛陀由于认识死亡的事实，才开创了一生的志业；孔子眼见死亡存在，却丝毫未加重视。他们各自对于人类的存在、死亡与受难这些基本要素，表现出独特的关系。因此他对孔子评价为：

孔子愿意助人在此世培育自我，并使世界回复其原定的永恒秩序（按："兴于《诗》，立于礼，成于乐"）。他努力标举圆满人性，要人在现世环境中成就天生的性格。他相信这是可能办到的，因为世界本身遵循"道"的原型，而不是走在方便善巧与功利实用的途径上。

孔子的世界观并未奏效，他的限制在于面对邪恶与失败时，他只是付诸伤怀，并且以可敬的态度承受苦难，但是未能从痛苦的深渊中引发突创之力。

这里雅氏显然是用耶稣主动迎向前去的伟大受难，并同时宽恕人类的罪恶的最深极限根基，以此批评孔子的不足。

又例如，讨论孔子时专立一节讨论孔子所面对的"极限"——"极限"也是雅氏哲学的极重要的专门用语。如孔子知识观、对世界的恶、对终极的事物（如死亡、鬼、神等形上学与宇宙论等问题），孔子认为这些终极事物并不能"客观化"加以讨论，选择保持一种神圣的敬意与缄默。这些都是雅氏自己哲学观的一种体现，显然研读四大圣哲本身对雅氏而言就是一种对自我哲学的检视与考察。

【思考】

（1）我们阅读《论语》是否可以采用比较的方法，例如，比较孔子与老子，或比较孔门弟子，从而更深刻地理解孔子？若有兴趣可试试这样做。

（2）孔子认为终极事物并不能"客观化"进而加以讨论，这与他对"道"的尊崇是否矛盾？真实情况有没有可能是，孔子具有对终极事物的某种领悟但未曾讲出来？请以《论语》为依据回答这一问题。

4. 为什么雅氏晚年要提出"圣哲学"?

圣哲的表率有一般人性无可比拟的原型神话的潜能。圣哲正是最能满足人对存在意义追寻的典范。

圣哲的意义与史诗英雄、原创型的哲学家、政治家、军事家都不同。圣哲所代表的是人的终极意义与价值的体现。圣哲自然就是一种原型之道的最高典范与标准,此外再也没有其他的标准。崇高的表率与标准使文化中其他人物的表现皆为之逊色。

此处也可举钱穆先生《论语新解·子张篇》中子贡对孔子之形容:

> 盖子贡之称道圣人,已被视为后起孔门之公论矣。圣人之德,世所难晓,……天之德不可形容,即其生物而见其造化之妙;圣人之德不可形容,即其所感于人者而见其神化之速。即因其感于外者以反观圣人之德,所以为善言圣人也。

也就是圣哲永远保持一种让人(或人类的各种分支表现,如各种理论学科与实践活动)探之不尽、永不枯竭、既神圣又神秘的整体存在经验——雅氏有引司马迁说"虽不能至,心向往之"最能简明形容——或者说是一种伟大的神话存在经验。

因为圣哲会"震动"人对有限而特定对象的关心,而移往一种重新定位的"边界"(bordline),也就是雅氏所说"界限情境",在那里,人开始产生存在意识的转化,促成一次又一次的生命转化而向往无穷而全体的视野。

圣哲的生命核心,在于体验了根本的人类处境,并且发现了人类的在世任务。他们告诉我们这些事情,然后带领我们面对极端问题,提示我们答案。他们各自满全了人性的终极潜能。

他们共同具有的是：在他们身上，人类的经验与理想被表达到最大极限。他们视为必要者，也总是哲学所视为必要者。他们的真实生命与思想模式已经构成人类历史不可或缺的要素了。他们成为哲学思想的来源，同时激励人挺身抵抗，抵抗者透过他们的表率，获得了自我觉悟。

我们被他们的共同特色所感动，因为彼我皆在于人的境遇中。我们无法对他们等闲视之：他们每一个人都是展示在我们面前的问题，让我们不得安宁。

他们不是哲学家，因为他们对科学漠不关心，而哲学又是依循科学途径所作的思索。他们不曾提出任何理性思辨的主张，因而在哲学史上并无地位。他们不曾写下任何作品。

他们四人的共同之处是：原创性以及自行负责的生命，此外并无任何预先存在的团体可以支持他们的行动。他们并未以自己为表率，结果还是成为人类的典范。虽然他们的伟大无法以法则与观念来适当叙述，他们还是在人性上烙下了自己的图印。就在这一点上，人类可以转化自己的形象，提升到神化的程度。

【思考】

（1）圣哲能帮助我们突破"对有限而特定对象的关心"，从而使得我们的认知和"存在意识"转向更深广的视野，也就是提升人生的境界。《论语》在哪些方面扩展了你的认知？

（2）"圣哲的表率"跟哲学家、政治家、军事家都不同。请说明孔子与他所追慕的周公的不同在哪些地方。

（3）尝试思考一下，我们生而为人，在此世间的根本任务是什么？圣哲们"原创性以及自行负责的生命"，对我们有何启示？

5. "西方心灵的激情" VS "中国心灵的中和"

就孔子的"中和"的观点，雅氏所说乃预设真理存在于两极对立中的张力与极致表现，而不同于孔子的真理乃存在于两端的分享、共荣、共存、并进的交融关系。雅氏在结论中说：

统一性中找出两极性。矛盾冲突愈大的地方，愈能显示人格的伟大。

此处"中和"二字，取自萧振邦教授《中的精神——围棋之神吴清源自传》的一段话：

我的理想是"中和"。所谓"中"，在阴阳思想中，既不是"阴"也不是"阳"，应该是无形的东西。无形的"中"，成形的时候表现出来的就是"和"。围棋的目标也应该是中和。只有发挥出棋盘上所有棋子的效率那一手才是最佳的一手。每一手必须是考虑全盘整体的平衡去下，这就是"六合之棋"。

但最早提及"中"与"和"的观念者则为孔子。《论语》有：子曰："中庸之为德也，其至矣乎！民鲜久矣。"子曰："不得中行而与之，必也狂狷乎！狂者进取，狷者有所不为也。"

孔子表现在情感上，对生之欲所自然而有者，重在适当的调节，不似佛陀以生为苦，乃至积极发挥仁心性情之正而为"乐天知命"的高深体悟与"悲天悯人"的广大情感，此皆是人心情感的最高境界。钱穆先生对孔子所说的"《关雎》乐而不淫，哀而不伤"是如此诠释的：

乐而不淫，哀而不伤：诗发于人心之情感，而哀乐为之主。淫，过量义。伤，损害义。乐易逾量，转成苦恼。哀易抑郁，则成伤损。然其过不在哀乐之本身。

哀乐者，人心之正，乐天爱人之与悲天悯人，皆人心之最高境界，亦相通而合一。无哀乐，是无人心。无人心，何来有人道？故人当知哀乐之有正，惟当戒其淫伤。

【思考】

（1）"真理存在于两极对立中的张力与极致表现"与"真理乃存在于两端的分享、共荣、共存、并进的交融关系"，两种观点的区别在何处？试举例说明。

（2）钱穆所谓"人当知哀乐之有正"，是否意味着情必须接受理的规范？对于情感的强烈抒发与情感的自我节制，请在我国文学史中各举一例简要分析说明。

6. "历史与文化意识"是我们认识中的一种"支持意识"

只有孔子具有真正的历史文化的人文意识。

雅氏显然较能体察苏格拉底与耶稣。一个是矢志"认识自我"的伟大哲学思考起源者；一个是矢志超越世界一切相对价值的绝对者。一个身处人间，处处让自己保持"无知"的思想清醒状态，既充满高度的"不确定"，又不断地"质疑"自我；一个却超越理智的天职，全部彰显"信仰"的讯息，祈求让彼世的天国来接管人类的历史。

用麦克·波兰尼（Michael Polanyi）的说法，人类的认识包含"集中"与"支持"两种意识。一般哲学的进路因为执意寻求确定的基础，例如苏格拉底透过从"对话"的"问题与回答"过程，不断地质疑自以为是所犯的语意与概念谬误，从而寻求一种"概念"（如正义、美德、勇气、美等）的"共同性质"（common nature）与"本质"的观点，以作裁判价值等级的标准，与作为保障行动实践的理智基础（指导人生的根本准则）。柏拉图将这种思想概念中的"共同性质"与"本质"视为"实在"，乃建立起一种先验而超绝的原型与理型（念）理论，并且将散乱、具体与有限的事物视为"分享"先验而超绝的原型与理型而来，并为先验而超绝的原型与理型所"统摄"。也就是柏拉图将这些散乱、具体而有限的时空事物，皆视为先验而超绝的原型与理型所衍生出来的一种具体而局限性的表现，因此建立一种统合知识论、存有论、价值论的客观而实在的理型哲学观。

但也因此，由历史文化所接续承继而来庞大的生成演进经验，也就是孔子所谓"温故"的"支持意识"与"知新"的"集中意识"，就相对地未能得到公平的对待。哲学乃与历史文化分途。

【思考】

（1）通过分析去寻求"概念""本质"或"实在"，与通过综合去寻求历史经验来确定认识的可靠性，这两种方式必定是矛盾的吗？

（2）"温故"的"支持意识"与"知新"的"集中意识"，在中国文学史中有无例子可作印证？请举例说明。

7. 孔子的学与教与超越境界

雅氏将哲学活动定位为三种模态（modes），这虽然明显脱胎自康德哲学，却也与钱穆先生所体验的孔子之教有其"大体"相近之处。康德这三种基本模态：

一种是科学认知与体现其限制的定位要求（此类似孔子的"博文"之"知"）。

一种是寻求人与人沟通与体现沟通限制时的实践要求（此类似孔

子的"约礼"之"仁")。

一种是追求"全体性真理"的活动的要求（此类似孔子的"道"），从而完成一个人在"生命智慧"要求之下的使命。

但雅氏并没有进入孔子的人格世界。对孔子的精微处总是有无法下笔之感。孔子圣哲之德并不那么光芒外露地自我表现，并不那么离群而特立独行，更并不那么充满极致与受难的痛苦与深陷孤绝之感！雅氏对孔子兼备"平易"与"高深"的那个德性的"基点"与"本源"实在有无法体会与下笔之苦。

对孔子所开启的广大而开放的好学不已精神，对孔子所终身率循、无上要求的成德之学，甚至对孔子所开启的历史文化大群共业，对所谓"圣人深造之已极，自知弥深，自信弥笃，乃曰'知我者其天乎'，然非浅学所当骤企"，尤其是"五十而知天命"一节，也就是孔子的"超越境界"，雅氏恐怕是更仅能搔到表层的三分四分。

【思考】

根据《论语》中的资料，分别写出你对下列论题的认识：
（1）孔子广大而开放的好学不已精神；
（2）孔子的成德之学；
（3）孔子所开启的历史文化大群共业；
（4）孔子的天命。

后 记

　　我是怀着对圣哲的敬重和对教学的慎重来编写这本书的。这种敬重与慎重，使我不敢有丝毫的粗疏和怠慢。书中的译文是我自己翻译的，我每天翻译不超过十则，翻译之后逐字逐句审核译文不下五遍。书中的课例则是我先前编写的，基本立意是务必让学生真有所得，且不得破坏学生对经典的敬意与兴趣。

　　我翻译《论语》的方法，是反复揣摩原文来翻译，不借助别的译本，因而我的译文不同于通行版本处甚多。我当然也不敢自以为是，译完之后再找来若干资料推究参详。《诸子集成》、王夫之《四书训义》和杨伯峻《论语译注》都是家里现成的藏书，查找起来也非常容易。当然，我更重视自己研读原典得到的看法。我认为我这方法也是引导学生直面经典的示范，读经典要潜心于原典，读经典不是读各家对经典的意见。

　　像《论语》这种经典，虚心研读原典最为要紧，任何读者都不宜率然自作主张跟圣贤辩论。先得接受教诲，方有资格辩论。在我看来，原典研读课，比主题探讨课重要得多，这是对古圣先贤起码的尊重。所以本书第一部分的篇幅最长，要一句一句地读，一句一句地想。只要原典研读到位了，读《论语》的价值也就基本上实现了。

　　本书中的课型都有举例，读者能看出每种课型的大貌就可以了。我最初当然也同别的作者一样，会自然而然地追求所谓全面系统，力图安设出方方面面的探讨主题，但思之再三，最终否决了先前的考虑。所谓经典者犹如长江大河，取一瓢饮已然足够；再说不同读者所求不同，一月在天，每条河流都可以映照出属于它们自己的月亮。让读者根据原典去发现自己想要探究的主题，恐怕才是明智的态度。因而本书仅就每一课型提供最有限的课例，有限到使读者能看出课型的大概模样即可。

在此感谢本书策划李淑云女士，感谢她的信任；感谢本书责任编辑李京京，感谢她的辛勤付出。编辑是幕后的英雄，他们所做的工作非常重要但很难被读者看见。我也要恭敬地感谢我的读者，是你们的支持激励着我不断地写下去。